贵州省高校人文社会科学研究项目资助：“贵州融入粤港澳大湾区，打造桥头堡对策研究”（2023GZGXRW077）

区域协调发展视角下我国民族地区飞地经济研究

高　幸◎著

新 华 出 版 社

图书在版编目（CIP）数据

区域协调发展视角下我国民族地区飞地经济研究 /
高幸著. -- 北京 : 新华出版社, 2023.9
ISBN 978-7-5166-7027-9
Ⅰ. ①区… Ⅱ. ①高… Ⅲ. ①民族地区经济－经济发
展模式－研究－中国 Ⅳ. ①F127.8
中国国家版本馆CIP数据核字(2023)第179976号

区域协调发展视角下我国民族地区飞地经济研究

作　　者： 高　幸

选题策划： 唐波勇
责任编辑： 唐波勇　　**封面设计：** 优盛文化

出版发行： 新华出版社
地　　址： 北京石景山区京原路8号　　**邮　　编：** 100040
网　　址： http://www.xinhuapub.com
经　　销： 新华书店、新华出版社天猫旗舰店、京东旗舰店及各大网店
购书热线： 010-63077122　　**中国新闻书店购书热线：** 010-63072012

照　　排： 优盛文化
印　　刷： 石家庄汇展印刷有限公司

成品尺寸： 170mm × 240mm
印　　张： 12.5　　**字　　数：** 200千字
版　　次： 2023年9月第一版　　**印　　次：** 2023年9月第一次印刷

书　　号： ISBN 978-7-5166-7027-9
定　　价： 78.00元

前 言

“飞地经济”最早由洛杉矶加州大学学者周敏提出（1992），在我国的实践始于1994年的中新苏州工业园区，经中国政府和新加坡政府合作共建。随着近30年的快速发展，飞地经济模式已在我国不断扩展并取得成功，为助力我国跨区域间的经济协调发展和脱贫攻坚发挥着不可替代的重要作用。为进一步推广飞地经济模式的广泛应用，在2017年5月，国家发展改革委等八部委联合印发了《关于支持“飞地经济”发展的指导意见》，由此飞地经济作为一种新型的特殊经济发展模式，特别是促进持续扶贫和乡村振兴战略的实施，已上升为体现国家意志的一种经济发展模式。

面向我国民族地区的经济发展，飞地经济模式虽然引入时间晚、实践时间短，但却依然在我国民族地区的经济发展中起到了积极而重要的推动作用。譬如，四川成都—阿坝州工业园、贵州大龙石阡产业园、西藏格尔木藏青工业园、内蒙古临港产业园区等案例的成功实践，充分证明了飞地经济模式在我国民族地区经济发展是可复制、可推广的模式。虽然如此，我国民族地区飞地经济模式的发展速度仍然缓慢，推而不广，究其原因主要体现在体制机制不完善、管理水平较低、利益分配不均、人才流失等突出问题，亟待研究并加以解决。这也正是本著作的选题意义和研究目的所在。

在我国民族地区飞地经济发展所面临的诸多问题中，运行机制不完善已是最为突出的问题。为研究解决好这一问题，本著作不仅从定性的角度予以深入研究，而且从定量的角度做了大量的数据分析。首先，本著作对我国民族地区飞地经济发展的现状和运行机理进行深入分析；在此基础上，利用综合评价的方法，从经济基础发展、生产成本、产业结构、社会保障、民族交融性五个方面，论述并构建符合我国民族地区飞地经济模式的评价指标体系。其次，从实证研究的角度出发，利用CRITIC客观赋权法、CRITIC-TOPSIS综合评价法及耦合协调度方法，对我国民族地区开展飞地经济模式较为匹配的城市及产业选择方向进行定量分析，获得我国民族地区飞地经济合作城市的匹配度及产业的选择方向，从而为解决因盲目选择合作城市而导致飞地经济模式失败问题提供了理论依据和解决方法，也为各城市（区域）之间开展飞地经济合作提供判断方式，由此也解决了飞地经济模式运行机制中有效回避不良客观因素影响的问题。再次，本著作利用动态演化博弈的方法，为飞地经济模式合作的双方提供了决策模型和选择路径。最后，基于上述研究基础，本著作提出促进我国民族地区飞地经济发展的若干政策建议。

本著作的主要创新之处如下：

第一，深入分析了我国民族地区飞地经济发展中存在的问题，以及影响运行机制的主客观因素。首先，对我国民族地区开展飞地经济模式的必要性、可行性和重要性进行了深度分析。其次，从我国民族地区飞地经济的实践现状出发，分析了当前存在的主要问题。进一步深入分析了影响我国民族地区飞地经济发展运行机制中的主客观因素，以及运行机制中的统筹规划机制、互利共赢机制和要素整合机制等方面的作用机理。

第二，构建了我国民族地区飞地经济综合评价指标体系。我国民族地区飞地经济模式实践效果不够完善的原因之一，在于两地区开展合作之前没有充分评估两地的经济发展水平、产业结构相似度、合作成本及收益等客观影响因素。为此，构建了以基础条件引力指标、经济结构引力指标、生产成本引力指标、社会保障与政策、民族交融性指标为主要核心的综合评价指标体系，为我国民族地区乃至全国地区飞地经济的实践，能够精准找到匹配度更高的飞地经济合作城市（区域）及产业选择方向提供了科学的评估选择方法。

第三，构建了我国民族地区飞地经济主体动态演化博弈模型。根据我国民族地区飞地经济合作的动态性和过程演变的不确定性，利用动态演化博弈的方法，对飞地经济合作不同时期双方应采取什么策略的可能性及决策选择进行分析，构建了适合我国民族地区飞地经济主体动态演化博弈模型，为实现主体双方的利益最大化以及提高合作可持续性提供了方法。

第四，拓展应用了CRITIC客观赋权法。根据我国民族地区飞地经济的实践情况，采用 CRITIC 客观赋权法，对耦合协调度及 TOPSIS 模型中系数权重进行了拓展和补充，能更好地反映指标之间的冲突性与对比强度性，为判定两地开展飞地经济匹配度依据提供了更为科学的方法。

第五，提出了推动我国民族地区飞地经济发展的政策建议。虽然我国民族地区飞地经济模式在实践上已开始普遍运行并取得了一定成效，但其模式的运行机制体制上还存在许多的弊端和不足，亟待进一步科学化和合理化。为此，本著作从飞地经济发展宏观政策、产业政策、合作共赢政策、金融及财政政策、人力资源政策等方面提出了若干可行性较强的对策建议，为进一步提高我国民族地区飞地经济模式的运行效率和实践成效提供了现实指导和决策支持。

本著作的研究内容和框架结构共由九章组成。

绪论　从整体上把握飞地经济实践的国际、国内环境，梳理国内外的文献，对比国内外飞地经济研究的不同领域及方向，为文章整体提供了理论视角及研究参考，然后提出本文的研究思路、创新点及不足点。

第一章　飞地经济模式相关基础理论及概念的界定。飞地经济模式的理论来源于区域经济学的相关基础理论，本章包括共生理论、区域分工与要素流动理论、区域非均衡与发展理论等。对飞地经济的概念进行了梳理及重新界定，完善了飞地经济概念的内涵及对其他衍生概念的界定。

第二章　我国飞地经济的发展历程追溯。本章梳理了我国飞地经济模式的四个发展阶段，分析不同时期飞地经济模式在主导力量、产业发展、政策背景、合作城市、空间跨度、运行机制等方面所表现的不同特征。

第三章　我国民族地区飞地经济的现状分析。本章研究我国民族地区适用飞地经济模式的必要性、重要性和可行性，对当前我国五个民族自治区和云南省、贵州省、青海省及四川省的民族地区实践案例进行分析总结，初步得到我国民族地区飞地经济实践水平。根据实践的结果分析出当前存在的问题，研究影响飞地经济模式运行机制的主客观因素。

第四章　我国飞地经济的产生机理和运行模式及机制分析。本章从空间重构和尺度重组角度出发，分析我国飞地经济模式的产生主要来源于城市尺度、区域尺度及国家尺度三个方面，三者相互影响、相互作用。同时，对于我国飞地经济模式及运行机制进行梳理与归纳。

第五章　基于 Critic 赋权法的飞地耦合协调度研究——基于四川民族地区

的实证分析。分析飞地经济与耦合协调度之间的关联性，以四川民族地区为例，通过拓展使用耦合协调度模型，结合CRITIC赋权法计算出四川民族地区与其他城市之间的耦合协调等级，根据结果选择最优耦合协调城市，为后文我国民族地区开展飞地经济合作的匹配城市提供依据。

第六章 我国民族地区飞地经济主体博弈行为研究。运用演化博弈的方法，为飞地经济合作双方提供主观决策选择，在不同合作阶段、不同政策支持条件等情况下，找到符合自身利益最大化的平衡点，解决影响飞地经济模式运行机制的主观因素。

第七章 我国民族地区飞地经济综合评价指标体系——基于四川民族地区的实证分析。结合现有实践案例，以四川民族地区为例，构建出我国民族地区飞地经济综合评价指标体系，利用CRITIC赋权法、CRITIC-TOPSIS法计算出城市排名选择顺序及产业发展的方向，为我国民族地区开展飞地经济模式备选城市及产业选择提供客观选择依据。

第八章 促进我国民族地区飞地经济发展的政策建议。结合上述研究结论，为我国民族地区飞地经济模式的发展提供了若干政策建议。

第九章 结论与展望。本章主要阐述了本研究得出的主要结论以及以后研究的方向。

本著作由贵州开放大学（贵州职业技术学院）高层次人才引进科研项目启动经费赞助。

目　录

绪　论

第一节 研究背景

一、国家已将飞地经济模式作为区域经济发展的重要举措

飞地经济是我国区域经济发展的推行方式之一，对于实现民族地区经济发展是一个有效途径，起到很大的推动作用。我国飞地经济最早实践是 1994 年诞生在江苏的苏州工业园区（由中国政府和新加坡政府合作共建），随着近 30 多年的研究和发展，国家对于飞地经济的研究逐渐深入，而飞地经济模式已经从沿海城市推广到中西部地区，其表现特征从早期的飞地工业园发展为现在的科研飞地、总部经济等。2016 年 3 月，国家“十三五”规划纲要明确提出，要创新区域合作机制，通过发展飞地经济、共建园区等合作平台，建立互利共赢、共同发展的互助机制；2016 年 9 月，国家发展改革委印发的《关于贯彻落实区域发展战略促进区域协调发展的指导意见》中提出，鼓励有条件地区发展飞地经济，鼓励中西部和东北地区通过委托管理、投资合作等多种形式与东部沿海地区合作共建产业园区；2016 年 9 月，《长江经济带发展规划纲要》提出，要引导产业有序转移，并鼓励上海、江苏、浙江到中上游地区共建产业园区，发展飞地经济，共同拓展市场和发展空间，实现利益共享；2017 年 5 月，国家发展改革委等八部委联合印发了《关于支持“飞地经济”发展的指导意见》，肯定了飞地经济运用；为健全区域协调发展体制机制，2021 年 3 月，国家“十四五”规划纲要提出，鼓励探索共建园区、飞地经济等利益共享模式。这些都充分说明国家对于这一模式的认可和重要性。

二、飞地经济将成为我国民族地区经济发展方式的重要模式

国家陆续出台的有关区域经济发展的政策中，都提到了要大力发展飞地经济模式，鼓励沿海发达地区通过梯度转移等理论为指导，开展实践飞地经济模式。我国民族地区、贫困地区通过引进飞地经济模式，获得了大量沿海地区的优质资源，在民族地区广泛的实践中收到了良好的效果。大量实践证明，我国

民族地区走飞地经济模式的发展道路，不仅可以实现农业的集约化生产和形成工业的集聚效应，带动两地的共同发展和周边地区的城镇化进程，还能较好地解决环境保护与经济发展之间的矛盾，是一种可持续、可复制、可推广的有效模式。当前我国民族地区相继出台适合本民族地区发展的政策与规划，将飞地经济作为发展的重要模式，对于民族地区经济的发展起到了推动作用。

三、我国民族地区飞地经济理论与实践亟待创新

现有飞地经济模式的理论与实践研究主要集中于我国东部和中部地区。一方面专门针对民族地区飞地经济模式的研究较少，使得我国民族地区飞地经济在运行机制、选择模式等理论上研究不足。另一方面，由于飞地经济在我国民族地区起步相对较晚，存在着体制机制不完善、管理水平不高、利益分配不明确等实践问题。为了进一步实现我国民族地区经济的协调发展和良性循环，引入飞地经济相关基础理论、区域协调发展理论等，能够较好地指导飞地经济模式的运行。同时，结合综合评价、演化博弈等作为实证分析方法，研究分析飞地经济的主客观影响因素，更好地实现两地城市匹配度，打造更加完善的飞地经济模式。

第二节 研究意义

一、理论意义

1. 丰富了我国民族地区飞地经济理论。区域协调发展理论对区域经济发展起到了重要指导作用，其涉及的领域包括经济、教育、生态等，主要研究特定区域的经济联系及发展。而飞地经济强调两个区域之间的合作与发展，其发展要求是地区的系统间相互协作并有机整合成有序的演变状态，这与区域协调发展理论有密切关联。本著作将协调发展理论应用到民族地区飞地经济模式的研究中，其研究结果丰富了飞地经济理论，为发展飞地经济带动民族地区经济增长提供了理论支持。

2. 本文还探究了飞地经济模式产生机理及运行机制。我国飞地经济的产生

是空间重构与尺度重组的产物，其产生的机理分别对应城市领域、区域领域和国家领域，它们三者之间相互作用、相互影响，使得飞地经济模式在我国的产生有了新的理论来源依据。而构建飞地经济模式的运行机制是实现良好发展的重要环节，其完善程度更是直接影响飞地经济模式实践效果。飞地经济模式运行机制包括统筹规划机制、互利共赢机制和要素整合机制，其中统筹规划机制包含协调机制和决策机制，互利共赢机制包含利益分配机制和激励机制。飞地经济模式运行机制的构建离不开对其影响因素的分析，通过利用综合评价及演化博弈的方法较好地分析与处理了主客观因素对飞地经济模式运行机制的影响，为更好地推广及应用飞地经济提供了理论及实践支持。

3. 为建立健全我国民族地区飞地经济发展的相关政策提供了理论方面的决策支持。由于飞地经济模式在我国民族地区起步相对较晚，各地区实践的时间也不一致，普遍存在着体制机制不完善、管理水平不高、利益分配不明确、合作效果不明显等问题，这些问题阻碍了我国民族地区飞地经济模式的推广和当地经济的发展。为了进一步提升民族地区飞地经济模式的实践效果，实现当地经济的跨越式发展，应建立健全我国民族地区飞地经济模式的政策理论支持。本文从顶层设计、产业选择、合作共赢、金融财政和人才保障等五个方面提出完善建议，并对出台指导性文件、提高产业链匹配度、加强合作思想意思、拓宽资金来源渠道和加大人才储备力度等相关措施进行分析，为我国民族地区飞地经济模式的发展提供政策理论支持。

二、现实意义

1. 有利于促进我国民族地区的工业化发展。飞地经济最早的实践形式是产业转移模式，中新苏州工业园的合作机制就是通过将海外的工业产业转移到苏州工业园区，通过吸收国外前沿管理理念、尖端科学技术、人才培养来壮大自己产业。而随着不断创新与运用，我国内陆省份也逐渐引入飞地经济发展模式，我国东部地区的产业慢慢转向我国中西部地区，民族地区的工业发展也可以通过建设异地产业园区来发展自身的经济，这是实现工业化发展的重要手段。通过结合民族地区自身的优势资源和沿海城市的先进技术理念，打造属于民族地区的飞地产业，这也是脱贫攻坚的重要手段之一。

2. 有利于促进民族地区农业集约化发展。我国民族地区除了工业是短板以外，农业也没有形成产业化、集约化的发展，一直以来小农经济的思想困扰着广大人民群众，加上有些民族地区土地破碎，没有大范围的连片土地，使得机械化农业的手段无法进行。与发展工业一样，飞地经济模式在农业领域一样可以取得成效，通过在异地流转土地，将民族地区的政策、资金、扶贫项目放到飞入地，不仅解决了土地碎片化带来的非集约化生产，也缓解了扶贫资金使用混乱、利用效率差的问题。飞出地的产业扶贫资金对飞入地（企业）的注入，不仅可以满足飞入地（企业）对资金的需求，而且可以更有效地帮助飞入地产业得以更好地发展。①

3. 有利于民族地区生态环境保护和经济发展。我国民族聚集地大部分处在生态脆弱区、生态保护区和生态禁止开发区，如何处理生态保护和经济发展是长期面临的问题，“不开发就是不发展”，这样理念在过去一直是民族地区的主流思想，等、靠、要就成了常态。飞地经济发展模式的引入，使得这一矛盾得到解决，通过建设异地产业园区，民族地区工业园区建设可以转移到非生态保护区，园区获得发展之后，民族地区的经济得到改善，可以大力发展其他产业，如特色产业、生态旅游等领域，避免了因工业的发展而导致的环境破坏，调动了生态补偿主体的积极性。

4. 有利于民族地区飞地经济模式的路径选择。我国飞地经济的发展历程大致经历四个阶段，从最初的产业转移型模式到现在的反向飞地经济模式，不同地区在不同阶段所选择的模式及路径都不完全相同。早期民族地区主要选择产业转移型飞地经济模式，表现为承接发达地区的产业，通过打造当地增长极，促进经济的发展。随着我国经济发展战略的改变，飞地经济模式也在不断演变，部分民族地区开始选择反向飞地经济模式，从而解决环境保护及人才流失问题。飞地经济不同的模式在运行机制上表现是不一样的，通过结合当地产业发展实际情况，适时调整运行模式，正确选择适合自身的路径，则需要更为深入的研究与分析。本书用综合评价和演化博弈的方法进行研究，为我国民族地区飞地经济的实践提供较为合适的路径选择依据，促进飞地经济的发展提供理论依据。

① 张明善．我国深度贫困地区“飞地经济”模式的适应性分析［J］．西南民族大学学报：人文社会科学版，2019（1）：105-109.

第三节　国内外研究综述

飞地经济研究是具有时代性的研究论题，本书将结合部分可视化研究方法，按照国内外飞地经济研究综述进行梳理。

一、国外研究现状综述

国外关于飞地经济的研究时间较早，以知网（CNKI）为数据来源，收集相关文献样本。通过以“飞地经济”为搜索词进行“主题”的准确检测，获得国外文章73篇，如图0–1所示。从可视化分析来看，最早关于飞地经济的研究可以追溯到1977年的文章“Linkages and Leakages:Industrial Tracking in an Enclave Economy”，但是总体研究的持续性时间来看，飞地经济在国外的研究并没有表现出很高的热度，从整体研究的阶段来看，研究的最高峰值时期是2009年。

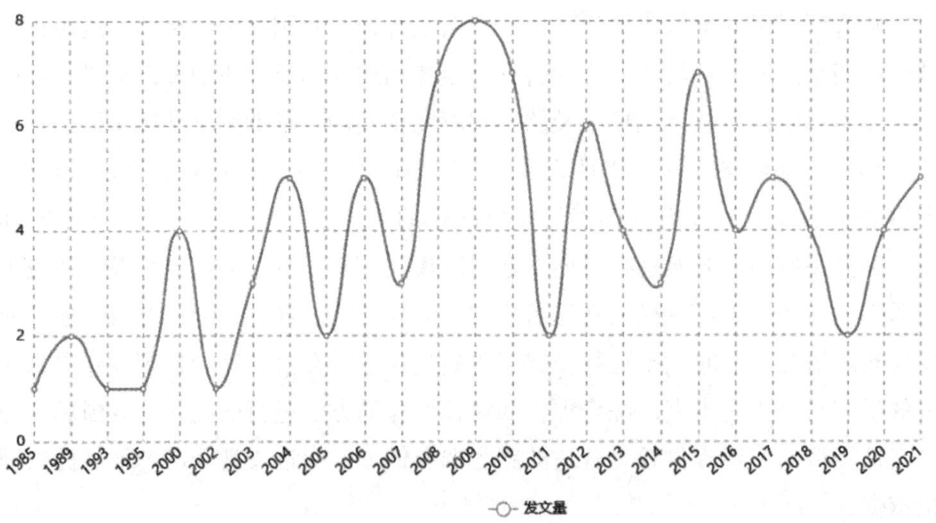

图0–1（国外飞地经济发文数量）

从国外关于飞地经济的研究热点词和学科来分析，重点领域包括四个方向：飞地与就业、经济增长的关系；从社会学、民族学角度来研究飞地经济；

资源型飞地经济；FDI 型飞地经济（图 0–2）。在这四个方向中，以民族学、社会学研究的成果较多，其次是以经济学为视角的分析。这些都为学者研究国外飞地经济提供了研究视角，以下将上述四个重要领域分析国外飞地经济的研究综述。

Backward and forward linkages
Agricultural intensification
immigration Art venue
Resource curse
Enclaves Gold mining
Innovation Linkages Chinatown gas Botswana
Alto Huallaga Development India Chile Ghana Agricultural landscapes
ethnoburb Biodiversity Enclave Industrialisation
Global value chains
master plan
Ethnic economy
resource control
Beijing participation CBA

图 0–2 国外飞地经济研究热点词

（一）飞地与就业、经济增长的关系

Grela，A.G.（1993）认为飞地研究过于狭隘地关注工资，而他的研究提供了有关民族企业移民就业的新数据，试图超越迄今为止发展起来的民族聚居地辩论的条款。他使用来自纽约市关于哥伦比亚共和国和多米尼加共和国移民调查的数据，将飞地等其他与工作相关的资源进行比较，指出飞地经济可以降低企业劳动力成本。Kaulik 和 Manash（1998）在哈理斯—托达罗（Harris–Todaro) 模型的基础上，就国外飞地与经济发展之间的关系建立起一个新的理论分析框架，系统地探讨了存在大量国外飞地的欠发达国家或地区的经济增长动力问题。他们的研究表明，对外资税率的降低尽管会在短期内导致国民收入的减少，但在某种情况下，它提高了国民收入长期均衡水平。他们从发达国家的立场出发，认为欠发达国家只要适当地进行财税政策调整，飞地就可以为其经济的持续增长做出贡献。Jonathan 和 James（2009）探究了飞地是否为经济增长的决定因素。他们发现，少有证据表明已有飞地的情况与长期经济增长、不平等和政府规模之间存在着密切关系。但是，在经济增长过程中，大量存在飞地的国家其政府的行政力量对经济活动的干预比那些无飞地的国家来得更强、更大。

（二）从社会学、民族学角度研究飞地经济

Chiu 和 Mai 以多民族的视角（2005）着眼于多伦多唐人街西区从香港到越南的民族商业转型，强烈认为“多种族”可以在飞地中共存。在这个案例研究中，唐人街被重新配置成一个“新的”唐人街。根据作者提供的越南商业数据库中的信息数据，可以深入了解越南企业如何随着时间的推移而成长。然而，它的进化仍处于婴儿阶段，唐人街西部在形式和商业性质上的完全重新配置仍未完成，必须放弃以民族群体的单一性为基础的传统飞地概念。Pnina Werbner（2001) 和 Sanders, Jimy M，Nee, Victor（1992）考察了美国关于种族创业的学术文献中的一个特殊争论——“民族飞地经济假说”。文章借鉴了列斐伏尔的空间理论以及产业集群和行动者网络理论，认为对飞地概念的主要解释是错误的。因此，需要开始明确民族聚居区经济实际上是什么，以便分析民族企业形成的生成过程。通过观察移民与飞地经济的关系，得出飞地经济不仅仅局限于族裔内部的发展，它更是超越了种族与国家之外的一种城市与国家的协作模式。Peter S Li，Chun hong Dong（2004）研究使用 2006 年加拿大人口普查数据来研究参与主流经济和飞地经济的中国移民在收入方面的差异。该研究使用“工作中最常使用的语言”来确定飞地参与情况，发现飞地中的中国移民的实际以入和净收入低于主流经济中的同行。该研究还表明，对移民的融合政策为移民提供一些支持以减轻某些不利因素，但飞地并不提供与主流经济相同的机会。而 Sanders, Jimy M，Nee, Victor（1992）则认为，参与民族飞地经济只会使企业家获得可观的经济利益，对工人则不然。Kathleen Bubinas（2001）在学位论文指出，人们在民族飞地经济中可以获得更好的就业机会，同时存在对无证上岗的女性全职雇员的剥削。部分学者还从性别差异研究民族飞地经济，Min Zhou，John R Logan（1989）的这项研究解决了最近关于飞地经济中劳动力市场特征的争议：飞地是否为移民少数群体工人提供了教育和其他人力资本特征的正收益回报？他们研究了中国飞地在纽约市的案例，使用了三个不同的飞地操作定义：作为居住地、工作地点和工业部门。无论采用何种定义，都有相当多的证据表明男性飞地工人的收入来自教育、劳动力市场经验和英语能力。相比之下，这些人力资本变量中没有一个与女性飞地工人的收入正相关。Khattab，N.（2002）利用1995年以色列人口普查的数据并假设这些理论模型，研究了以色列三组妇女的劳动力市场参与模式：伊斯兰教—阿拉伯人、基督教—阿拉伯人和德鲁兹—阿拉伯人。结果表明，阿拉伯妇女参与以色列劳动力市场主要取决于她们的种族和宗教信仰、教育（特别是大专和学术教育）、婚姻状况和年龄。相比之下，民族聚居地被发现产生了不同的影响：民族飞地对伊斯兰教的妇女参与劳动力市场的影响是积极的，而对基督教的妇女参与劳动力市场的影响却是消极的。关于民族飞地经济中的民族意识，Heike Christine Albert（2003）在他的论文中提到，古巴人在迈阿密的社会经济地位、价值和意识形态的差异使古巴人民族团结意识减弱，进而影响到民族飞地经济的发展。Evans（2004）通过对人口普查数据进行多层次分析，评估来自澳大利亚所有各种非英语国家的移民雇员的共同种族就业可获得性对工作质量的影响，通过使用详细的教育地点和数量规范以及劳动力经验来控制人力资本特征的影响。结果显示，共同种族就业的可用性与个人英语语言技能之间存在强烈的相互作用。对于飞地经济中民族企业家的作用，Min Zhou，Myungduk Cho（2010）目标是从社区的角度制定一个概念框架，以检查民族企业家的非经济影响，密切关注企业家精神与社区建设之间的联系。这项研究表明，企业家精神的社会嵌入性创造了一个有利于社会向上流动的独特社会环境，除了可观察到的经济收益之外，民族企业家精神在移民适应中发挥着关键作用。Edward（2007）发表的一篇报纸指出，越来越多来自叙利亚、伊朗、韩国和以色列等具有深厚创业文化的国家的移民进入美国，这些移民中很多人成为商业领袖，创建了飞地经济，极大地提升了美国的城市经济。

（三）资源型飞地经济

资源型的飞地经济模式是指某一个区域拥有一些特殊的资源，通过利用这种资源打造当地的增长极，从而带动经济的增长，其主要表现形式为旅游飞地经济。Craig Emerson（1982）考察了发展中国家主要采矿项目的某些宏观经济影响，特别关注巴布亚新几内亚的情况。同时回顾了外国投资对发展中国家采矿项目的联系影响的现有证据，并作为巴布亚新几内亚主要采矿项目宏观经济影响研究结果的新证据。结果表明，作为飞地经济表现的采矿工程项目，与东道国经济只有微弱的直接联系。以旅游资源为例，Joseph（2005）通过博茨瓦纳的奥卡万戈三角洲旅游飞地为例，发现奥卡万戈旅游业以外商投资为主，大部分旅游收入流到国外，当地工人工资微薄，旅游业对奥卡万戈地区的农村扶贫效果甚微；指出旅游业未能促进当地农村经济发展的主要原因是旅游业与当地经济的弱关联，特别是脱离了农业。

（四）FDI 型飞地经济

FDI 是 Foreign Direct Investment 的缩写形式，即外商直接投资，是一国的投资者（自然人或法人）跨国境投入资本或其他生产要素，以获取或控制相应的企业经营管理权为核心，从而获得利润或稀缺生产要素为目的的投资活动。飞地经济可以表现为一国对另外一国的投资，从而实现项目的运营和实施。Kevin P. Gallagher and Lyuba Zarsky（2007）是第一本以“飞地经济”为名的著作，在这本书中以墨西哥的 IT 产业为例，全面而系统地探讨了外国直接投资（FDI）与可持续发展问题。在这里，作者不仅仅关注飞地给当地经济带来的影响，更主要的是考察了 FDI 对当地社会和环境造成的一系列影响。在此基础上，深刻反思了 FDI 在经济社会发展和相关政策制定中所扮演的角色。显然，他们是站在飞入地的立场上来分析由国外直接投资形成的飞地经济的现实意义。其隐含的前提假设是：FDI 给飞入地带来经济利益的同时，也要付出环境代价。Kokko，Ari（1994）指出，外国直接投资的技术溢出效应可能为跨国企业的东道国带来重要利益。随着外国企业进入市场并展示新技术，向当地供应商和客户提供技术援助，培训后来可能受雇于当地企业的工人和管理人员，当地企业的技术和生产力可能会提高。 外国子公司所施加的竞争压力也可能迫使当地企业更有效地运营，并且比其他情况更早地引入新技术，但是作者指出这样的溢出效应是有限的。

二、国内研究现状综述

以知网（CNKI）为数据来源，收集相关文献样本。通过以“飞地经济”为搜索词进行“关键词”的准确检测，获得学术期刊 554 篇。我国飞地经济研究发文数量图，如图 0–3 所示。

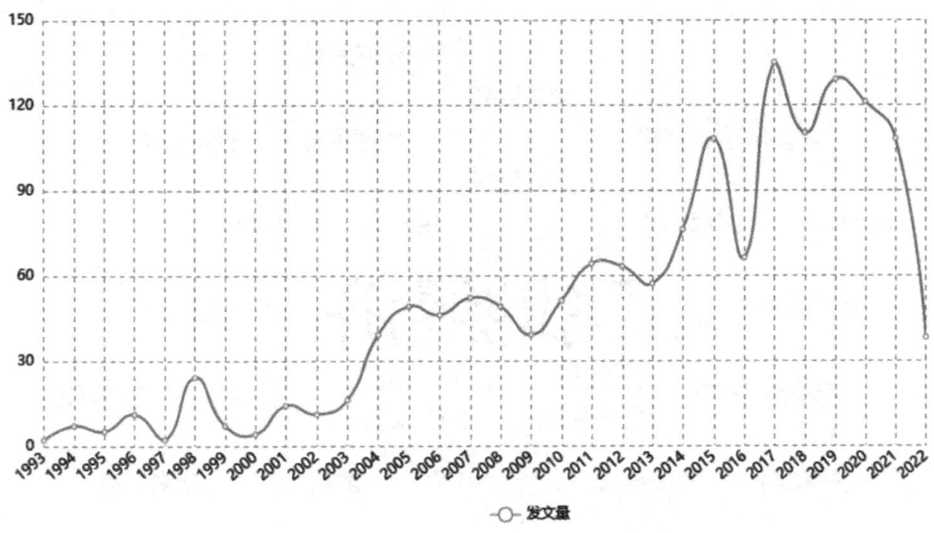

图 0–3 我国飞地经济研究发文数量图

通过图 0–3 可以发现，飞地经济的研究热度总体处在向上攀升的趋势。以 1989—2004 年作为第一阶段，这段时间飞地经济的发文期刊数量平均维持在 2 篇，飞地经济并没有成为研究重点。第二阶段 2004—2014 年，这一阶段是我国研究飞地经济的快速发展阶段。虽然 2004—2005 年、2008—2009 年、2010—2012 年出现短暂下滑趋势，但是发文数量总体呈现上升状态。第三阶段：2014—2017 年，飞地经济的研究热度有所放缓，总体趋势表现为下降之后再上升。第四阶段：2017 年—至今，飞地经济再次进入到人们的视野中，成为研究的热点内容。

通过观察研究关键词（图 0–4）可以发现飞地经济的主要研究动向体现在三个角度：第一，研究的背景。“区域经济”“区域合作”“经济发展”“区域经济一体化”等关键词，突出表现了当下研究飞地经济模式的大背景；第二，研究的理论。例如，“产业集群”，“增长极”，“产业梯度”和“动态机制”等关键词都反映了理论机制的实践和应用；第三，研究模式及针对问题。例如，“发展模式”、“工业园区”、“黄河三角洲”、“生态文明”、“深山特别合作”等关键词，说明这些为研究“飞地经济”提供了良好的切入点和前景。

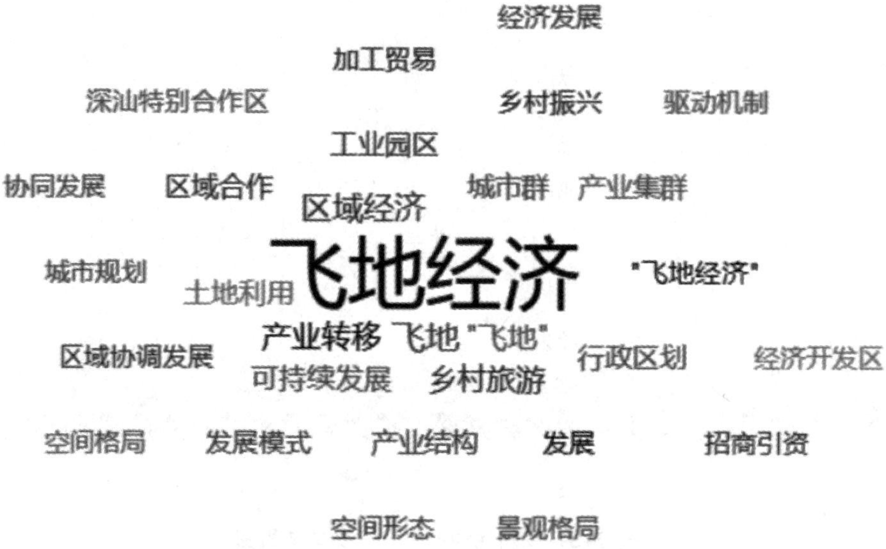

经济发展
加工贸易
深汕特别合作区
乡村振兴
驱动机制
工业园区
协同发展
区域合作
城市群
产业集群
区域经济
城市规划
飞地经济
"飞地经济"
土地利用
产业转移
飞地
"飞地"
区域协调发展
可持续发展
乡村旅游
行政区划
经济开发区
空间格局
发展模式
产业结构
发展
招商引资
空间形态
景观格局

图 0-4　国内飞地经济研究关键词频率

从研究机构、作者分布来看（图 0-5），各大高校成为飞地经济的“主战场”，研究领域也多分布在经济学、管理学、金融学等，这与国外的研究重点有明显的区别。

20
15
10
5
0
20
20
18
16
16
15
12
11
11
10
10
10
9
9
9
9
8
8
8
8
中山大学
南京大学
中国科学院大学
同济大学
西南大学
南开大学
辽宁师范大学
吉林大学
复旦大学
北京师范大学
南京师范大学
浙江大学
东北财经大学
北京大学
西安建筑科技大学
贵州师范大学
华中科技大学
四川大学
山东大学
湖南师范大学

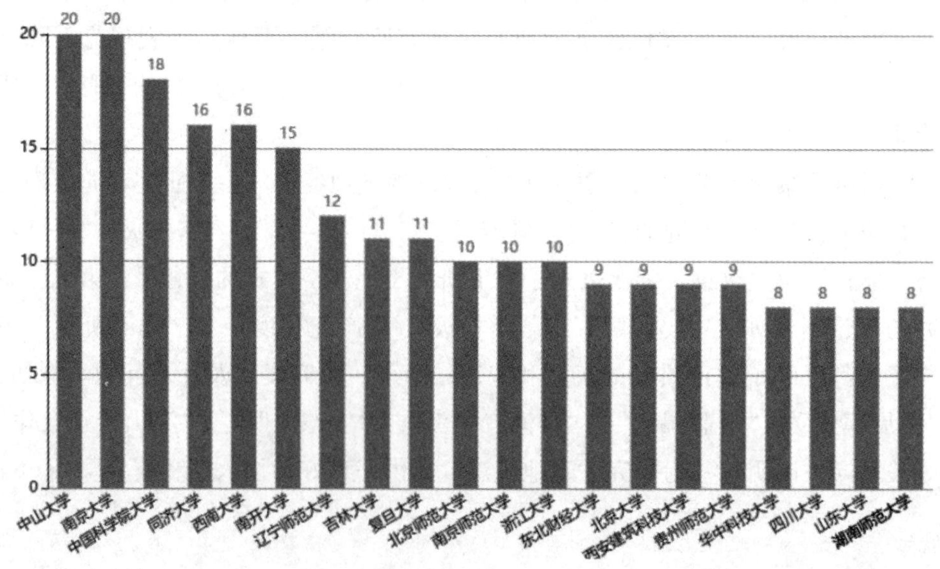

图 0-5　国内飞地经济研究学者及机构

通过上述研究分析可以得出，我国对于飞地经济的研究主要集中于以下几个领域。

（一）以飞地经济模式为视角的综述

飞地经济作为我国区域经济发展的模式之一，广泛运用在我国东部发达地区和中西部地区，所以对飞地经济模式作为研究视角的文献也最多。以下将从三个方面进行梳理。

1.现有案例结合飞地经济模式的综述

在模式研究中，大多数学者都采用模式+案例的分析方式，把理论模式结合到现实的案例中去。刘小平、袁卫民、苏海红、杜青华等学者聚焦于青海省的飞地经济研究，对当地发展飞地经济模式提供了有力借鉴。刘小平（2006）提出，青海省可以通过发展飞地经济实现当地的发展，在可选模式中，她提出可以依托特色资源发展青海省飞地经济，其中包括特色农牧产业加工飞地、资源开发飞地、加工工业飞地，而具体实施方法体现在：制定有效的分配机制、优化资源配置、培育公平竞争市场、建立一流的服务体系、提高招商的能力。袁卫民（2008）在其文献中首先分析了青海省发展飞地经济的有利条件和不利因素，提出可选择的模式包括建设高原生物产业飞地、建设资源开发飞地和建设加工工业飞地。苏海红、杜青华（2012）首先将国内成功的飞地经济模式进行研究，分析出青海省发展飞地经济的必要性和条件，得出可行模式的两个渠道：以城市之间的对口帮扶和各省内部之间的区域合作的飞地经济模式。其中，省域间的对口帮扶又可细分为共建青南产业园、跨省合作共建产业园及自愿合作共建产业园；省域内的合作又可分为集约模式和互利共生模式。李桂娥（2011）以青海省为例，综合分析了飞地经济的国内外实践及该模式在我国发展的问题，提出青海省发展飞地经济的特殊性：生态保护的协调性、区域经济发展模式的跨越性及政府作用的主导性，认为青海省要发展飞地经济的路径必须从模式的选择、管理的方式、制度的保障方面入手，才能促进整个青海地区的发展。

曾贵、徐运保（2018）在其研究中提到，湖南飞地经济模式的发展包括国际合作、跨省之间的合作以及跨乡镇之间的合作，其整个省的飞地经济园区规模基本完整，初见成效，对我国飞地经济模式的研究有着重要参考价值。李琳、刘莹、黄跃（2017）对当下我国飞地经济模式进行总结，主要包括集约用地型、资源整合型、优势互补型、产业转移型。在湖南现存的模式主要有长株潭城市群的“双向产业转移型”“洞庭湖生态经济区”，湘南地区“产业转移型”以及大湘西“旅游飞地型”，并在现有的模式下提出更好的完善建议。张明善（2019）在十八洞村进行了深度调研，得出湘西州在飞地经济模式中采用了“公司＋农户＋基地＋合作社”的飞地农业模式，而这样的一种模式是当下深度贫困地区、民族地区可复制、可推广的有力途径。

汪涛、汪传雷、管静文（2011）对皖北地区的飞地经济模式进行了研究，提出该地区可实践的模式是利用农业资源优势，发展特色农副产品加工飞地；借助劳动力资源，发展劳动密集型产业飞地；围绕煤炭等矿产资源优势，发展能源矿产精深加工产业飞地。刘晓春、李技（2007）以曹妃甸经济开发区为研究对象，通过介绍主要的飞地经济模式，提出曹妃甸经济开发区重点是提升园区的等级、制定合理的政策等。黄小梅（2010）以厦门市同安工业集中区思明园为例，将该园区模式成功的因素归结于保障三方：（飞出地政府、飞入地政府和投资商）的利益，并提出要借助外部环境的动力、设计体制内政策动力和激发政府解决瓶颈问题的动力来促进更好的发展。陈婷婷（2013）通过分析飞地经济的模式选择及发展意义提出要以政府引导为主，做好规划建设及利益分配机制，才能对厦漳泉（厦门、漳州、泉州）同城化起到积极作用。蒙媛、王婉、王发莉（2017）总结飞地经济模式为两种：区域合作的“飞地”和特色产业飞地经济模式。通过使用SWOT分析方式，给出西藏发展飞地经济模式可以利用区域合作模式（跨国、跨省）和特色产业模式（飞地旅游、高原特色产品、清洁能源行业）。易兵、姚丽霞（2019）提出武汉市飞地经济模式主要有两种：园区共建和品牌共享。第一种指武汉与其他城市签订合作协议，约定区域共同开发建设园区，如武汉经济技术开发区洪湖新滩新区、中国光谷黄冈科技产业园。第二种是外地园区借助武汉国家级开发区的品牌，在当地原有的园区基础上，加挂牌子，利用武汉品牌开展招商引资活动。例如，武汉东湖新技术开发区咸宁产业园。林俊锡（2017）对贵州大龙石阡产业园进行研究分析，将园区的发展模式总结为合作式，即大龙经济开发区与石阡县共同规划建设、经营管理、利益分配，主要表现在共建方式、园区管理、利益共享。张耀光、冷显鹏（2008）将大连作为研究城市，重点关注海岛经济与飞地经济之间的联系，构建出海岛经济也可以使用该模式促进当地的发展，长海县飞地工业园的成功实践就是这一合作的结果，为了更好地促进发展必须融入产业集群理念，同时重视政府的作用、对外交流的联系、基础建设的打造。李子豪（2016）将佛山“两德”工业园进行分析，提出了该工业园在发展背景及模式上与其他地区园区的不同，将“两德”园区发展成绩及存在问题进行归纳，提出必须采取精准定位、创新合作机制、抓住基础设施建设、促进新能源发展等建议，打造“两德”工业园的示范效应，为中西部地区提供良好的借鉴。

张冉、郝斌、任浩（2011），除了将现有飞地经济的模式进行梳理，还对东部和中部的模式进行分析，提出中部和东部地区主要采取合作投资、供需互动、要素配给、人才培养、产业转移。同时存在着合作效果有限、合作动力缺位、合作制度优势缺乏等问题，提出了东部和中部地区合作的有效策略和建议。渠涛、郝涛（2014）以黄河三角洲区域为研究案例，分析飞地经济模式按照不同标准可以有几种分类，包括按发展动因、主体单元、投资主体行政隶属。而黄河三角洲高效生态经济区可以选择产业集聚主导的内部优化模式和承接产业转移的外部引入模式。冯逾（2014）以对接产业为视角，将河北省与京津冀的飞地经济模式进行分析，认为京津冀存在交通区位优势、产业互补、制度政策的保障等有利因素，河北省应该从制度的协作机制出发，做好“筑巢引凤”的工作以及合理引导产业的进入，做到将飞地经济打造为河北发展产业的有效模式。郭珉媛（2013）比较了北京市、天津市、河北省、山东省和辽宁省现存的飞地经济模式及运行现状，认为该地区总体问题是合作水平低、区域一体化不明显，合作机制尚未建立，实践中存在其他问题，并提出这一片区域的解决对策。同时他直接以天津为个案，指出在该地区发展飞地经济合作的选择路径。

2. 以相关理论为视角的飞地经济模式综述

李瑜（2007）对飞地经济的内涵及理论渊源了做了详细介绍，同时把飞地经济的发展条件逐一分析，为其他学者提供了有力借鉴，但是没有涉及模式的探究。李骏阳、夏惠芳（2006）对飞地经济模式内涵给出了定义：经济相对发达地区整体项目输出，另一些偏远地区不发达城市提供土地交由前者管理，利税共享。而飞地经济的主要载体开发区模式是：土地资源有限但经营较成功的开发区为了寻求更广阔的空间，选择在其他地区进行规模扩张发展，突破行政区域的限制把企业的招商项目放到行政区隶属于与乙地的工业园区，而开发区的飞地经济模式实现形式有直营式、兼并式、合作式。张黎鸣（2011）在我国现有飞地经济模式的案例基础上，总结出运用区域合作成本收益的方式，分析了飞地经济模式实现的有效方式，这一方法可以从侧面完善飞地经济模式的构建。冯云廷（2013）构建了互利共赢机制的理论假设，飞地经济模式从自身属性来看就是实现双方共赢的目的，根据目标选择冲突与调试、预期收益收割与利益分享、产业结构的兼容性与互补性、资源风险的合作结构选择做出假设，结合我国的飞地经济模式案例，验证了假设的真实性和可行性，为飞地经济模式分析提供了新的思路。周柯、谷洲洋（2017）对飞地经济模式的运行机制进行分析，认为两地政府是组织产业转移的主体，企业和政府是参与管理主体，合作共同开发是运作的基础，利益可分是合作关键，提高产业竞争力是基本目标。同时，建立利益协调机制是实现飞地经济发展的重要保障。

3.“新”飞地经济模式

飞地经济诞生于我国东部沿海发达地区，最早的实践是中国与新加坡合作共建的苏州工业园区，当时的飞地经济模式主要以产业转移为主要形式，飞出地通常为经济发达地区，承接地（飞入地）为经济欠发达地区，而合作的范围也仅限在周边的城市，并没有深入我国的中部及西部地区。随着近30年的发展，飞地经济模式已经升级为以飞地经济园区为载体的飞地农业、飞地工业、科研飞地、总部经济等形式，而从飞出地、飞入地两者的位置也做了交换。王翀（2018）以慈溪—杭州飞地经济模式为案例，分析了“新”飞地的实践，表现在不建园区，也不借工人，而是采取借用高端人才。采用的方式是：异地IT研发园区、导入本土化的优势第三方、区域产业的协作窗口，而孵化、研发、总部经济将是新飞地模式的代表。白小虎、王松、陈海盛（2018）同样对新飞地模式进行分析，以衢州和杭州合作的跨地海创园为案例，提出衢州海创园的新模式在于：角色的转换（飞入地飞出地交换）、市场化运行（民营企业孵化器＋政府、大型企业、高校科研机构、中介机构等）。新飞地经济模式在普适性与实践上对于民族地区、落后地区都是一种新的探索与可复制的模式。

综上所述，众多学者从不同的角度及方式对飞地经济模式进行了研究分析，对于整个飞地经济模式的研究具有重要意义。“新”飞地经济模式是当下的研究热点，会是一个新的研究和实践的领域，但是现有的文献研究还相对较少，未来对于反向飞地经济模式的研究将会是新的热点。

（二）以飞地工业为视角的研究综述

飞地经济的最早实现形式是工业园区，通过在异地建设园区，将两地的优势资源整合在一起，实现利益的合理分配，最后达到资源的优化配置。对于飞地工业的研究较多。李昌昊（2007）和安增军、许剑（2008）在早期提出的以飞地工业促进区域经济协调发展的思路，通过理论和案例的分析方法，提出飞地工业模式是破解产业转移、工业用地难的有效手段，同时要处理好园区规划、利益分配及协调管理机制等问题，才能够更有效地发挥飞地工业的作用。陈小昆、崔光莲（2006）以新疆工业发展为例，提出飞地经济的实质是“嵌入式”经济模式，飞入地仅仅享有 GDP（国内生产总值）的数字，而财税、利益等则归于飞出地，这样的局面导致了新疆的工业发展落后、低端及不可持续性。而随着国家政策的改变，新疆的工业发展应改变现有飞地经济的形式，依托优势产业，培养企业管理能力自主发展。林自新、郑国泽（2009）除了探讨飞地工业的理论及类型之外，还重点研究了飞地经济带来的正面效益、负面效益和可持续研究，指出正面效益可以带来资源整合、产业集聚等优点，但是如果信息不畅导致联系机制缺失，将会形成孤岛的负面效益。李宁、梁群、张毅（2012）、赵栋强（2015）分别从贵州、南宁作为研究案例，分析了飞地经济的内涵及发达地区的主要实践，得出后发赶超的机遇就是充分发挥飞地经济的优势，将工业化与飞地有机结合起来。

综上所述，飞地工业是早期飞地经济模式的主要表现形式之一，它实现了东部地区的“腾笼换鸟”和中西部地区的“筑凤引巢”目的。但是随着飞地经济模式的不断发展，飞地工业模式逐渐暴露出自身的问题，如合作机制不完善、生态环境破坏较大、运行效率不高等，这些问题也都在学者的研究中充分体现。

（三）以飞地经济“嵌入”为视角的综述

“嵌入性”是飞地经济模式的主要内涵，深入研究和分析能够更有效地解释飞地经济飞出与飞入的动力机制。杨玲丽（2014）以苏州工业园和苏州（宿迁）共建产业园作为研究案例，分析了“嵌入性”是飞出地是否飞出的主要制约因素，并通过分析相关理论与园区运行模式，提出了如何打破“嵌入性”的困境，将飞地更好的嵌入到新的区域中，解决了双方合作的动力机制问题。姚尚建（2012）从利益与正义的角度出发，指出利益与秩序是飞地合作存在的机理，正是合作双方互相嵌入，才能使得这一模式能够运行，但是造成这一模式的复杂性也正是因为制度变迁、权利利益分配等因素所导致。

综上所述，以嵌入为视角的研究并不多，但是这一属性却是飞地经济模式的重要特征，也是两地考虑的一种隐形因素且不能被忽略，如果在飞地经济模式的实践中嵌入性不够，容易导致飞地经济的政策运行。我国民族地区飞地经济模式的发展就需要考虑文化嵌入的因素，这样才能更为科学地指导民族地区飞地经济模式的运行和发展。

（四）以区域经济发展及政府合作为视角的综述

1. 以区域发展为视角的综述

区域经济一体化和区域经济协调发展是现阶段我国的区域经济发展战略之一，飞地经济模式作为一种实施途径，可以有效地促进区域经济发展。谢召锋（2014）以区域治理概念入手，通过分析理论强调飞地经济在区域治理的重要作用，如促进协调发展、摆脱政府博弈困境，促进府际关系合作、加快建设服务型政府、有利于区域网络化实现、实现对口支援。麻宝斌、杜平（2014）以公共管理为视角，区域合作为理论框架分析了飞地经济兴起和背景，同时较为全面地总结飞地经济主要类型及案例，重点突出了飞地经济在合作中存在的五个问题：顶层设计不完善、管理方式不科学、市场化运作效果不明显、缺乏利益分配机制以及双方软硬实力不对称。王瑛（2009）提出建设区域性加工制造业，可以通过发展飞地经济模式实现，该模式有利于集约用地、优势互补、产业转移和招商引资，是落后地区可以选择的发展路径。张鑫（2017）总结了我国主要发展飞地经济的区域及代表城市案例：沿海地区以福建为例，环渤海区域以京津辽为例，东部地区以安徽为例，西部地区以陕西、四川、重庆为例，同时提出了今后发展需要注意的问题。

2. 以政府合作为视角

飞地经济模式无论是早期还是现在，都必然涉及政府层面的参与，从早期的政府主导到现在的政府引导、市场化运作，府际关系和国家政策是指导飞地经济的重要因素。李鲁奇、马学广、鹿宇（2019）从国家空间重构的角度切入，分析了飞地经济的空间产生及治理结构，以国家空间重构为理论，深入研究了飞地经济产生的因素、发展、类型与分布，在宏观的视野下探讨飞地经济的问题及治理，是当下研究飞地经济的新理论。陈帅飞、曾伟（2016）以复合行政为视角，主要集中在飞地的模式及管理研究上，通过探讨飞地管理的难点及成因，提出了在符合行政方式下，更好的管理飞地，从而对飞地经济的管理及发展起到了借鉴作用。王倩（2017）通过地方政府合作为理论切入点，分析了飞地经济在深圳特别合作区的实现条件及存在问题，以政府合作为手段提出解决飞地经济模式在政府合作上存在缺陷

综上所述，飞地经济模式在早期是双方政府牵线搭桥实现的，其中还包括对口支援性质的合作，因此考虑政府参与是必要的。而区域之间的合作本来就是飞地经济模式的特征之一，因此该领域的研究较为充分，有一定的参考价值。

（五）以民族地区为研究案例的综述

以民族地区为案例并分析如何发展飞地经济的文献较少，其原因是飞地经济早期以我国东部沿海发达地区为起源地，是经过了近 30 年的发展及推广才逐渐延伸到我国中西部地区及民族地区。柳建文（2014）提出民族地区的发展可以采用飞地式合作模式，他将民族地区发展飞地模式分为两种：特殊的内飞地以及外飞地。特殊内飞地适用于地广人稀、管理半径过大的民族地区，通过直接嵌入或者接管模式，确定利益分配之后，由发达地区管理；而外飞地模式针对发展与环保矛盾较大、高寒荒漠民族地区，将工业发展及招商放到发展较好的省内行政工业区中。申长庚、曹大明、何伟军（2014）以湖北宜昌的民族地区为例，通过分析飞地经济的模式、发展条件及存在问题，得出民族地区发展飞地经济的对策建议，包括确定的利益分配机制、管理体制及服务体系构建等。曾雪玫（2007）提出了民族地区发展“飞地”型旅游城镇化的途径，以香格里拉为研究对象，指出当前香格里拉发展旅游的现状及存在问题，提出了更好的发展飞地城镇化的建议和对策。刘晓鹰、杨建翠（2005）同样以“飞地”型旅游为切入点，通过理论阐释、案例分析，得出民族地区飞地旅游城镇化的实现条件和特征。郑峰文（2014）提出在我国中西部地区建立飞地合作模式，旨在解决城镇化的问题，通过案例对比之后得出中西部地区飞地型城镇建设的必要性和可行性。曾伟、陈政宇（2014）以湖北五峰土家族自治县为例，通过对飞地经济理论及必要性分析，结合当下存在的问题，提出必须以政策、制度及上级支持为保障，加快建设基础设施及平台搭建，才能更有效发挥

飞地经济的作用；杨春平、陈诗波、谢海燕（2015）从生态补偿的角度出发，探索了成都—阿坝州工业园的模式，该文献是生态补偿与飞地经济协调发展的重要论证，在分析了成都—阿坝州工业园取得的成绩后，提出四川民族地区发展与生态保护之间矛盾的解决方式就是飞地经济工业园，肯定了这一模式的重要性和存在的必要性，是我国民族地区发展飞地经济模式的重要参考之一。

综上所述，对于我国民族地区飞地经济模式的研究文献较少，除了上述专门针对民族地区的研究之外，其他学者也仅仅将民族地区发展作为案例进行简单分析，但在理论研究、实证研究、文化研究等方面，对于我国民族地区的飞地经济模式探索都十分薄弱。

（六）飞地经济实证研究综述

以实证方法对飞地经济模式的研究文献较少，但是仅有的文献为飞地经济的实证方向和未来研究提供了一些思路。王冰（2015）提出构建飞地经济飞入地的评价指标并进行分析，将飞入地的影响因素分为四类：基础因素、结构因素、成本因素、保障因素，具体指标包括公路密度、人口城镇化、日照时数、产业结构相似系数、就业结构相似系数、税收结构相似系数、未利用土地占比、城镇就业人员平均工资、一般工业固体废物综合利用率、高中及中等职业学校在校学生占总人口比例、金融机构存贷款弹性。最后运用熵值法等计算得出淄博市发展产业的方向及领域。冯艳飞、向万宏（2018）通过运用引力模型、产业结构相似度模型，计算出我国东中部 10 个省份之间发展飞地经济的吸引力，得出每个省份的最优选择方案。尹红炜、孟宪忠、帅萍（2006）通过构建 PCDL（聚碳酸酯二元醇）模型，分析城市工业化阶段、产业竞争力、产业发展动力、区位分析，指出东营市乃至整个资源型城市的发展未来方向。刘姿含（2010）通过分析飞出方要考虑的五个因素（两地距离、产业结构相似度、成本落差、供给需求以及优势互补），做出实证分析的必要性，通过建立上述影响因素的模型思路，使得飞出方能够更好地找到最合适的飞入地。安增军、林昌辉（2008）以地方政府为视角，通过建立政府的目标函数，以定量研究和模糊数学工具，得出飞地经济发展存在的问题和解决策略。

综上所述，关于飞地经济模式的实证分析文献较少，除了上述列举分析的之外，更多的是来自区域经济学、产业经济学等有联系的学科，专门针对飞地经济模式的实证分析较少。

国外对于飞地经济的研究主要表现在以下几点：第一，重点关注移民对当地经济的影响。通过移民群体形成聚集区域，研究该群体对于经济发展做出的贡献及意义。第二，文化嵌入对当地经济的影响。国外研究飞地经济更多的是从民族学、人类学等角度出发，把文化模式与经济模式结合起来研究。第三，经济学视角。主要从各种产业的发展来分析飞地经济的利弊，而飞入的资源多以投资资金、本地劳动和自然资源为主。

国内研究飞地经济的重点领域除了上述列举的之外，还包括飞地经济理论渊源、飞地经济实现条件、飞地经济影响意义和飞地经济概念内涵等。第一，从研究的角度分析，国内对于飞地经济的研究视角多元，实践地区也从沿海地区转入内陆地区，其中不乏民族地区和贫困地区，为我国民族地区的飞地经济模式的发展提供了良好的借鉴作用。虽然国内文献研究的地区呈现多元化，但是对于民族地区的探索还是相对匮乏，仅有的针对民族地区飞地经济的研究很难提供一个良好的借鉴经验。第二，民族文化因素与飞地经济模式相嵌入研究很少。飞地经济模式从我国沿海地区引入，势必存在与我国民族地区的文化、价值、发展背景等因素结合，如何实现两者的共同结合发展，是更好地利用飞地经济模式的关键。第三，国内对比研究缺乏。飞地经济模式在不同地区具有不同的特点，形成该地区的特有模式，而现有的国内文献没有进行模式的对比研究，多数以个案进行分析，缺乏横向、纵向的对比。第四，缺乏实证分析。现有的文献只针对飞入地或者飞出地的选址进行了实证研究，但是飞地经济涉及多方面的因素，从协调性、驱动性的角度来看，就很少有类似研究。同时缺乏一套有科学的评价指标体系，使得推广适用性上缺乏实际依据。

国内外飞地经济研究相比较存在一定程度的差异，主要表现在以下两点：第一，是否研究文化模式嵌入。国外研究多数倾向把移民文化与当地经济发展模式结合起来，通过分析得出适应经济发展有利方向。而国内的研究多以产业转移为主要视角，通过异地建立工业园，达到两者的双赢目的。第二，是否更多地利用实证研究。国外研究飞地经济模式多以数据、模型、案例等实证方式进行分析，而国内更多的是以案例作为主要分析内容，模型和数据引入也较少，难以提出具有说服力的依据和建议。

第四节　研究方法

本研究属于中国少数民族经济学科应用理论研究范畴，以民族学、经济学为基础，结合运用现代管理学、经济人类学等相关学科的方法展开研究。具体拟采用：

（1）田野调查法。利用寒暑假和空闲时间，到我国民族地区的飞地经济实践点进行实地调研，到当地相关部门搜集和查阅相关文献资料、档案资料，以期广泛获取课题内容所需要的调研资料，在大量调研资料基础上汇总民族地区飞地经济发展的新情况、新特点。

（2）文献研究法。通过借阅和购买书籍、检索网络信息、查阅图书馆期刊等方式，广泛收集与本课题相关的专著、学术论文和报道文章，收集整理国内外对飞地经济研究的相关成果文献，为课题研究提供理论依据与资料论证基础。

（3）归纳演绎法。在课题研究过程中，不断地对前期的调研经验与研究成果进行阶段性总结，进而不断完善和更新研究信息和研究材料。对理论、研究动态及时关注，及时更新到研究过程中去等。

（4）比较分析法。针对不同地区存在的飞地经济模式进行总结比较分析，得出不同模式拥有的不同特点和嵌入的不同文化，找到最佳的实现民族地区经济发展的路径。

第五节　研究思路

本书围绕飞地经济模式及运行机制、我国民族地区选择飞地经济的必要性分析、构建综合评价指标体系和运用演化博弈的方法，从我国民族地区飞地经济实践进行研究分析，以四川民族地区为实证分析对象，构建出我国民族地区飞地经济综合评价指标体系，为我国民族地区飞地经济发展、路径选择提供了良好的依据。

本书技术路线如图 0-6 所示：

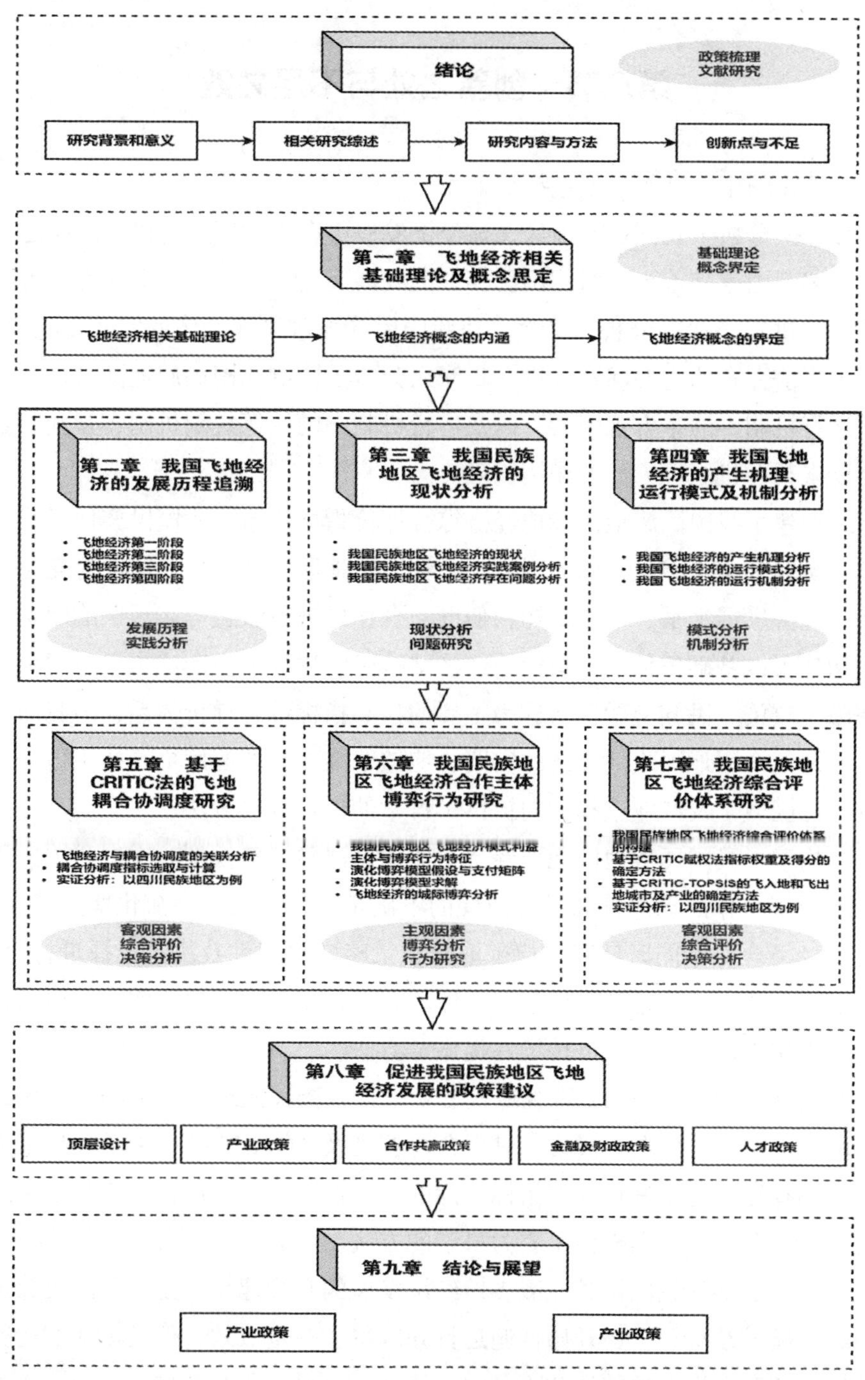

图 0-6 技术路线图

第六节　创新之处与不足之处

本著作的主要创新之处包括如下：

1. 深入分析了我国民族地区飞地经济发展中存在的问题，以及影响运行机制的主客观因素。首先，对我国民族地区开展飞地经济模式的必要性、可行性和重要性进行了深度分析。其次，从我国民族地区飞地经济的实践现状出发，分析了当前存在的主要问题。进一步深入分析了影响我国民族地区飞地经济发展的运行机制中的主客观因素，以及运行机制中的统筹规划机制、互利共赢机制和要素整合机制等方面的作用机理。

2. 构建了我国民族地区飞地经济综合评价指标体系。我国民族地区飞地经济模式实践效果不够完善的原因之一，在于两地区开展合作之前没有充分评估两地的经济发展水平、产业结构相似度、合作成本及收益等客观影响因素。为此，构建了以基础条件引力指标、经济结构引力指标、生产成本引力指标、社会保障与政策、民族交融性指标为主要的核心指标综合评价体系，为我国民族地区，乃至全国地区飞地经济的实践，能够精准找到匹配度更高的飞地经济合作城市（区域）及产业选择方向提供了科学的评估选择方法。

3. 构建了我国民族地区飞地经济主体动态演化博弈模型。根据我国民族地区飞地经济合作的动态性和过程演变的不确定性，利用动态演化博弈的方法，对飞地经济合作不同时期双方应采取什么策略的可能性及决策选择进行分析，构建了适合我国民族地区飞地经济主体动态演化博弈模型，为实现主体双方的利益最大化以及提高合作可持续性提供了方法。

4. 拓展应用了 CRITIC 客观赋权法。根据我国民族地区飞地经济的实践情况，采用 CRITIC 客观赋权法，对耦合协调度及 TOPSIS 模型中系数权重进行了拓展和补充，能更好地反映指标之间的冲突性与对比强度性，为判定两地开展飞地经济匹配度依据提供了更为科学的方法。

5. 提出了推动我国民族地区飞地经济发展的政策建议。虽然我国民族地区飞地经济模式在实践上已开始普遍运行并取得了一定成效，但其模式的运行机制体制上还存在许多的弊端和不足，亟待进一步科学化和合理化。为此，本文从飞地经济发展宏观政策、产业政策、合作共赢政策、金融及财政政策、人力资源政策等方面提出了若干可行性较强的对策建议，为进一步提高我国民族地区飞地经济模式的运行效率和实践成效提供了现实指导和决策支持。

本著作的不足之处如下：

首先，由于飞地经济涉及两个城市之间的合作与选择，在构建综合评价指标体系的时候，能够反映两地共同客观因素的指标较少，在城市选择的匹配度上可能不够准确，其适用性需要结合实际情况进一步检验。加之民族地区地理位置相对偏僻，其软硬件条件较为滞后，也受时间和精力的制约，造成本研究无法全面调研，因此在信息和数据搜集上存在一些难度，在一定程度上造成了数据资料不够全面和充分。其次，在构建我国民族地区飞地经济综合评价指标体系的时候，体现民族交融性的指标较少，更多只考虑经济发展、产业结构、生产成本等因素。再次，动态演化博弈模型虽然可以解决飞地经济主观影响因素，形成一个客观的参考依据，但是合作的内容、方向等相关信息是不能完全确定的，模型的数据参考不能完全表现出主观的合作意识，不能全面地找到一个比较有说服力的方式。最后，由于本人理论和研究水平有限，在有些领域的研究上可能还不够深入。对于这些问题，我将在今后的研究工作中进一步深化，以获取更多的研究成果。

第一章　飞地经济相关基础理论及概念界定

第一节　飞地经济相关基础理论

飞地经济作为区域经济协调发展模式之一，其相关基础理论包括共生理论、区域分工与要素流动理论、区域非均衡发展理论等。飞地经济涉及两个地区的合作，势必需要打造合适的共生环境，只有这样才能“起飞”；区域分工与要素流动理论解释了飞地经济发展的必要条件，即需要具备各自的优势，然后实现优势的互补，才能满足飞地经济实现的条件；我国东部与中西部地区存在发展落差，通过打造一个地区的增长极，从而形成产业的梯度差，进而实现产业的转移，促使飞地经济早期工业园区的建立，在此，不均衡发展理论诠释了飞地经济的实践初期，将不同地区经济发展的差距通过产业转移以此构建共同的发展。

一、共生理论

“共生”的内涵最早实践是生态学领域，由德国生物学家德贝里提出，指不同的物种共同生存在一个环境且精妙维持着各自的关系。共生理论是指不同有机体在生物界自然联系的理论，它们之间主动的适应环境的变化，自发地融入不同的生物群体，形成了和谐、共处的命运体。

（一）共生理论的基本内涵

共生理论的形成离不开共生系统的存在。它主要包括三个要素：共生个体、共生的模式以及共生的外部环境。

1.共生个体

作为构成系统的基本组成部分，共生个体存在于整个环境当中，它们相互存在、相互融合，个体之间又相互适应，通过不断的能量交换与协调，共同构建了整个共生系统的界面。

2.共生模式

共生模式是指在复杂的系统中，每一个共生个体相互作用的方式或者相互之间形成的一种特定关系，同时它指个体之间交换能量做循环的方式。

3.共生环境

除了个体之外的所有因素都可以称为环境，它是独立于个体的客观存在，在整个系统中还包括传导的媒介、载体等因素，这些环境与个体相互适应，表现为正向作用、逆向作用或者相互作用。

（二）共生理论对飞地经济的启示

将共生理论引入经济学领域是有其共通性的，区域经济系统与生态系统中的共生环境存在相似性。飞地经济涉及两个区域（或地区），它们共同构成了整个大共生体，其中每一个区域和区域之间、每一个经济要素都是共生系统的个体，它们之间相互依存、相互合作、相互服务、相互融合，在两地共同发展的基础上协调竞争，整个合作运行的机制与共生环境的表现基本一致。由共生理论的延伸对飞地经济的启示作用表现在以下三点。

1.促进两地的关联性和共生性

飞地经济实现合作的两地虽然是空间的距离，甚至存在跨国际的案例中，范围延伸到了不同的国家，但是空间的距离不能阻挡两地合作的意愿。合作的基础是两地拥有关联的产业基础，通过构建共同的发展环境和共生基础，让飞地经济的运作得以实现。在我国民族地区飞地经济实践中，共生性的特点表现比较明显，飞出地与飞入地要兼顾民族文化、民族习俗以及可能出现的民族冲突等问题，因此构建飞地经济必须充分考虑和运用共生的原理机制。

2.因地制宜选择飞地经济的模式

经过近30年的研究与发展，飞地经济的模式已经从早期的工业园区经济模式转变为现在的总部经济、孵化区、研发总部等模式，两地在合作的选择方式上要根据实际发展需要来构建。冷志明、张合平（2007）①提出区域合作的共生模式分为寄生条件下共生、偏利条件下的间接共生和对称互惠的一体化共生的理论，因飞地经济本属于区域经济协调发展模式之一，在适用性上基本符合所属特征。寄生模式较适应飞地经济的早期阶段，体现在中西部地区被动接受东部发达地区的产业转移，建立工业园区；互惠共生模式更加强调两者的平等、合作、竞争关系，对应于现阶段飞地经济的特征，两地的合作不仅仅具有经济落差，优势互补、合作共赢才是共生的高级阶段。

① 冷志明，张合平．基于共生理论的区域经济合作机理[J]．经济纵横，2007（4）：32-33.

3. 建立良好的合作共生环境

在飞地经济的发展过程中，出现两地合作的效率低下、分配机制不完善、整体运行机制不畅等问题，阻碍着这一模式的健康运行，加上当前区域发展不平衡、发展差距不断扩大、市场化程度不一样等客观问题，要求在顶层设计以及探索研究注重两地共生环境的匹配，以建立良好的合作共生环境。

二、区域分工与要素流动理论

区域分工的出现，促进了区域经济的发展和竞争力的提高，有效、合理的区域分工能够提升资源在空间的效率配置，从而带来要素的自由流动，加强各个区域之间的联系。区域分工主要表现形式是区域生产的专门化，遵循“趋优分布”原则，各个地区和国家之间根据自己的优势来布置产业，使得整个大区域或者全球形成专业化体系。而实现专门化生产需要具备以下三个条件：首先，具备生产某一类专业化产品的能力且数量能够满足本区域的需求，只有当存在剩余的情况下，才能实现出口。其次，要有成本的控制，生产具有专业化产品的成本必须小于在消费区域生产同类产品的成本。最后，生产地与消费所在地之间存在价格的梯度差，而差距越大越有利于发展。

（一）区域分工与要素流动理论的内涵

1. 绝对优势理论。这一理论的来自亚当·斯密于1776年发表的著作《国家康富的性质和原因的研究》（简称《国富论》）亚当·斯密认为社会的分工可以促进劳动生产率的提高，将经济利益更加扩大，最终将财富的获得最大化。他认为分工可以提高生产率，而分工是社会发展的必然选择；分工遵循的是绝对优势，每一个从事自己最有优势的行业，通过自己行业获得的财富去交换其他领域的生产物；分工的最高阶段是国际贸易的分工，各国根据自己的绝对优势采取最有利的生产方式，从而实现全世界的最大化价值。

2. 比较优势理论。比较优势理论来源于英国古典政治经济学家大卫·李嘉图的《政治经济学及赋税原理》，该书首版于1817年。他认为国际贸易生产的基础是存在技术的相对差别，由此带来的是成本的差别，每一个国家或者每一个地区都应该存在相对于别的国家或者区域的优势产业，应该集中生产具有比较优势的产业，这样既能提高要素的使用率也可能在贸易中收益。比较优势理论成了长期指导各个区域和国家分工的原则，大卫·李嘉图认为，比较优势是占据区域分工的相对优势，即成本上的优势才是真正的优势，而什么能够决定是否具有比较优势是一个复杂问题。在经济发展的初期，占据主导因素的是要素资源，随着产业的不断发展，后天形成的优势（如技术优势、专业化等）成了主要因素。国际贸易与国际分工正是建立在比较优势理论的基础上，共同推动了区域或者国家之间的协作发展。

3. 要素禀赋理论。瑞典经济学家赫克歇尔和俄林提出的要素禀赋理论（简称 H–O 模型）用来探索国际之间的贸易以及国际分工。他们认为，在不同的地区和国家，所拥有的资源禀赋是有差别的，造成这样的差别是自然地理位置、环境因素或者后天发展形成的，从而影响着各个地区和国家之间的贸易产业。基于不同的要素禀赋可以实现不同的分工产业，进而形成不同的比较优势，最终实现生产的最大化和利益的最优化。H–O 模型将区域分工、区域贸易和生产要素禀赋有机结合在一起。他们认为，区域贸易和分工正是建立在要素禀赋存在差异上，最终导致生产率和价格的不一致。

（二）理论启示

区域分工与要素理论为区域经济协调发展提供了有力支撑，而飞地经济的表现形式也符合这一理论的特征。

1. 基于比较优势理论的启示

作为区域经济协调发展的模式之一，飞地经济将两地的比较优势作为发展前提，通过不同地区或国家的产业优势，找到合适的产业链发展，形成上下游之间的产业关联性，充分发挥了比较优势的作用。

2. 基于资源禀赋理论的启示

实现飞地经济的条件之一是不同地区的不同要素禀赋，在我国的实践案例中，有些地区拥有良好的土地资源、人力资源，而另一地区拥有较好的管理经验和技术优势，这些不同的禀赋之间为实现飞地经济找到的可能的发展契机。

三、区域非均衡与发展理论

区域经济差异一直是区域经济学研究的核心问题之一，也是世界各国经济发展过程中的一个普遍性问题[①]。其中的非均衡发展理论，最初是发展中国家实现经济发展目标的一种理论选择。但由于区域与国家存在许多的相似性，使得该理论与均衡发展理论成为在做区域开发与规划时，经常被引用和借鉴，作为区域经济发展战略选择的理论基础。[②]

（一）区域非均衡发展理论的内涵

1. 极化理论与增长极理论。极化理论最主要的思想核心就是经济的发展是非均衡性的，整个发展过程不是建立均衡，而是导致区域差别的加剧。导致极化的因素是多方面的，它们与社会环境、文化环境、经济因素等结合在一起，它们之间相互影响、相互作用。学者缪尔达尔与赫尔希曼都认为扩散（渗透）效应或者回流（极化）效益可以总计为极化带来的影响。前者指极化带来的是正效应，它对周边的区域有积极的推动影响，后者则是负效应，周围的区域与本区域的经济差距没有缩小反而扩大了，而决定发展进程是均衡还是非均衡的取决于两者因素谁占据了优势。该理论强调发展平衡与不平衡都是相对存在的，就发展实质而言，不存在均衡的分布，必须通过国家或者区域政策来实现区域的平衡发展。区域经济发展的目标就是消除极化效益带来的负面影响。

随着理论的深入研究，形成了以佩鲁为代表的法国学者，他们认为在一个区域中可以建立一个增长的极点，通过带来的正效应影响实现扩散，最后实现全区域的平衡发展。该理论重点强调，选择产业发展必须具有规模、创新水平高、增长速度要快等特点，实现产业与周边地区的联通发展。

2. 梯度转移理论。梯度转移理论一定程度上是建立在产品周期理论与区域生命周期理论上的。产品周期理论认为，任何工业产品都具有一定的生命期限，大致分为四个周期：产品的创新期、产品的扩展期、产品的成熟期以及产品的衰退期（成熟后期）。创新期多数是技术密集型产品，主要影响因素是科学技术和集聚经济；扩展期表面产品逐渐成熟且进入扩展期，最重要的影响因素是管理模式与资本要素；成熟期与成熟后期表明市场已经饱和、技术缺乏更替，产业需要进行转移。而区域工业的生命周期和产品生命周期类似，在区域工业初期，市场扩张明显，比较优势被充分利用，各种资本不断的进入；进入

---

① 武江民．基于 GIS 的甘肃区域经济空间差异性研究 [D]. 甘肃：西北师范大学，2005.

② 余达锦．基于生态文明的鄱阳湖生态经济区新型城镇化发展研究 [D]. 江西：南昌大学，2010.

发展成熟期之后，工业区形成了规模，主导了该地区的产业，管理水平到达较高水平，区域之间的竞争也越来越激烈，为了赢得竞争采取转移布局的战略；衰退阶段特征为成本优势失去，市场已经转移到其他地区，基础设备老化，税收与土地成本限制了发展。

因为产品和区域的发展存在一个周期，而梯度理论正是在产品与产业需要转移时候出现，它的运用是为了让产品或者区域能够更好地适应竞争与发展，将不具备优势的产品生产或者部分产业链转移到更低成本的区域，两地存在发展的梯度差是转移直接动力。通常情况产业转移是发达地区产业结构调整的需要，而落后地区承接产业也是自身发展的需求，在我国东部地区被认为是先进地区，通过与中西部地区的梯度差，将其转移到该区域，再通过扩散效应实现总体的均衡发展。因此梯度转移的实际内涵是优先投资较为发达的地区，利用发展渗透效应最终将不平衡发展问题解决。

（二）理论启示

非均衡发展理论对于我国乃至世界的发展都具有重要指导意义，对于区域间平衡与不平衡的发展讨论也是经济学者的重点研究领域。从飞地经济的早期阶段来看，多数形式表现为产业转移模式，通常情况为东部沿海发达地区将处在衰退期的产品转移到中西部地区，利用当地廉价的土地资源、人力资本等，实现自身产业的结构调整和重构；相对于中西部地区而言，转移过来的技术产业多为高污染、高耗能企业，但是仍然具有一定先进性，因此早期飞地经济模式以工业园区承载、发展工业为主。通过几年的发展，在当地建立具有规模的产业，从而形成增长极点，利用极化理论的扩散效应，带动周边地区的发展，最终实现全域经济水平提高。

第二节　核心概念界定

一、飞地概念界定

“飞地”又被叫作嵌入地、瓯脱地，通常“飞地”概念运用在各国的领地之间，指隶属于某一个行政区但是又不与该行政区毗邻的土地。飞地经济的定义是通过将“飞地”这一概念引入经济领域，才有了现在的飞地经济的内涵，而要更深入地研究这一内涵，首先需要对“飞地”概念进行了解。

最早关于“飞地”的名称出现在16世纪马德里条约中，主要运用的是地理学和政治学。根据《地理学词典》的解释，“飞地”的主要特征是被某一区域或者某一国管辖但土地不在该区域或不在该国。《辞海》对此的解释是：“土地的所有者占有了与他人相交错的土地，进入到他们的土地界限的那一部分就是飞地①”。《法学词典》对此的解释为：“一国位于他国境内的土地而又不与本国相连的领土”。在全球政治经济发展中，飞地模式包括内飞地（enclave）和外飞地（exclave）两种。外飞地是指某国家拥有一块与本国分离开来的领土，该领土被其他国家隔开，则该领土称为某国的外飞地。内飞地是指某国家国境之内有块地区的主权属于别的国家，则该地区是这国家的内飞地，也是握有主权国家的外飞地。

二、飞地经济概念界定

随着全球经济一体化进程的加快，“飞地”的概念逐渐引入到经济领域，对飞地经济普遍认同的解释是美国城市经济学家周敏提出的：在经济发展过程中，两个互相独立、经济发展存在落差的行政地区打破原有体制和机制限制，通过规划、建设和税收分配等合作机制进行跨空间的行政管理和经济开发，实现两地资源互补、互利共赢的持续或跨越发展的经济模式②。从这个定义可以看出，飞地经济包含了以下三个重要的内涵：

第一，合作双方必须具备经济发展的落差或者两地具有梯度差。这是飞地经济内涵之一，也是早期飞地经济实践的重要表现形式之一。由于我国经济发展的特点是呈现由点带面再到全范围覆盖，所以东部沿海地区是我国的第一批享受政策红利的地区，它们的迅速崛起成为我国经济发展的重要支点。而我国中西部地区的经济发展相对滞后和缓慢，成为我国发展的欠发达地区，为了实现“先富带动后富”、缩小区域之间的发展差距，中西部地区开始承接东部地

① 中华书局辞海编辑所．辞海（试行本）第三分册（经济）[M]．北京：中华书局辞海编辑所，1961.

② Min Zhou.*China town: The socioeconomic potential of anurban Enclave* [M]. Temple University Press, 1992.

区的产业，形成了“产业转移型”的飞地经济。它本是一种合作发展方式，落后地区可以通过学习，引进发达地区的经验、管理模式及技术来提升经济发展，而发达地区可以将部分产业进行转移，最终实现两地的双赢。早期飞地经济模式表现出来的特征就是产业转移，因此许多学者以这个特征作为飞地经济模式的内涵解释。

第二，互利、合作共赢。经过近 30 年的研究与探索，我国飞地经济模式的发展也不断变化，对其内涵的解释也不仅仅以“两地发展存在落差”为唯一认定，而是以实现双方的共赢与合作为解释方向，经济发展没有明显差距的两地也可以通过飞地经济的模式进行区域间的合作与交流，最终实现发展的双赢。党的十八大以来，以习近平同志为核心的党中央高度重视区域协调发展，相继实施了“京津冀”一体化、国家“一带一路”和长江经济带等发展战略，批复了 19 个国家级新区和 7 个国家级城市群规划，以飞地经济模式推进区域协调发展的地方实践也得到了党和国家的充分肯定，因此合作共赢是飞地经济模式的又一内涵。

第三，两个独立的行政地区跨区域的合作管理与开发。首先，飞地经济模式的实现必须是两个独立的行政地区进行跨空间的合作，即互相不隶属于对方。其次，在空间上必须存在一定距离。最后，共同合作的管理与开发，最终实现共赢的结果。

本书认为对飞地经济概念的界定要满足以下几个方面，第一，合作的主体必须是两个独立的行政区。如果一方是政府，另一方是企业，那么这样的合作方式并不是飞地经济，只有双方都具有政府的身份，并采取协商合作的方式达成认同的一致性，才是飞地经济发展模式。第二，必须具备嵌入性的特征，这也是飞地经济关键的特征之一。嵌入性是指双方在合作之后，飞入地的经济事务权、社会管辖权等权利形成交织的状态，当地原有的权利构架会被打破，形成外来权利与原有权利的对抗或合作。第三，利益的共享。无论两地是否具有经济落差，利益分配是双方合作的基础。第四，主要载体是产业园区。过去飞地经济的实现形式主要是工业园区，因此也有人将飞地经济命名为飞地工业或者工业飞地。而随着经济的发展，飞地经济载体逐步变为产业园、新区等，这些地区往往更具有优势且具有高度的国家经济发展战略性。基于此，本书对于飞地经济的内涵定义是：飞地经济是双方以政府身份为前提下，通过打破行政区划限制，借助并利用双方的比较优势和资源禀赋，通过评估两地的匹配度、协调度、适配度构建上下游产业链，实现一方经济、管理等权利嵌入到另一方，确立管理方式及分配机制，最终实现跨地域、可持续的两地合作共赢的区域经济发展新模式。

随着对飞地经济模式的研究及实践不断深入，借用飞地经济概念衍生出来许多与之相似的定义，如飞地工业、飞地农业、科研飞地、飞地物流等，都是借用了飞地经济的相关概念，结合实践的内容运用在各个领域的名称，某种意义上也具有部分飞地经济的特征。

三、飞地经济的特征分析

我国飞地经济经过近 30 年的发展，其特征的表现形式也在不断变化，主要体现在以下几个方面：

第一，合作身份的特定性。飞地经济本质上是区域合作模式之一，合作的身份是特定的政府主体，双方通过协商、合作的模式实现各自地区的经济发展。

第二，空间地域上的跨越性。从空间分布的角度来观察，飞地经济的主要特征就是地域的分离，没有这一特征，飞地经济“飞”的属性就无法体现出来。无论飞地经济发展处在哪一个阶段，“飞”的特性一直存在，只有建立在双方地域的相隔性和跨越性，飞地经济的运行才能实现。

第三，权力的嵌入性。两地合作必然涉及行政管辖权存在不同程度的交织与联系，作为发达地区的沿海城市将产业转移到另外的行政区域内（如中西部的内陆城市），部分权力将会转让到飞入地，园区的管理就存在管辖权的让渡和分离，涉及的管辖权就是两个地区。因此，权力的嵌入性与复杂性是飞地经济的重要特征之一。

第四，产业链的相关性与匹配性。两地的产业必须有关联性和匹配性，充分发挥各自的比较优势与资源优势，实现产业链的优化。从总部经济、总部研发、产业链深加工、孵化园模式的形式来看，各地区在产业发展中注重上下游产业的匹配与关联，产业分工更加细致、科学、有序，为区域经济的发展起到促进作用。

第五，文化差异性。主要表现在我国民族地区或者是合作地区较远的飞地经济。我国民族地区在实施飞地经济模式时，往往面临着合作城市与民族地区文化差异较大的情况，如果不能较好地解决这一问题，飞地经济的最大效用将不能实现。同时，跨度较大的两地合作同样存在文化差异、思想观念不同、管理方式不一致等问题，这些都是需要合作双方处理好的问题。

第六，资源禀赋互补性。由于不同地区拥有的资源禀赋不同，为飞地经济实现提供合作机会和可能。东部沿海地区随着劳动力的成本升高，急需找到合适的替代区域，而西部地区由于缺少技术经验和管理人才，同样急需该领域的资源，双方通过飞地经济很好地实现了资源的互换和互补，最终实现两地获益。

第七，合作时间较长与不可间断性。与传统的产业转移不同，飞地经济强调两地政府之间的合作与规划，从协商产业选择到园区落地、从基础设施建设到园区的管理运行、从投入生产到实现产业对接，所有的相关工作都是一个长时间的过程。例如，飞地经济在农业领域的运用是一个长时间的生产周期过程，从最初的种植再到最后的成果，几年甚至十几年都是可能的。同样，飞地经济工业园区的协商、建立、投产也是一个较长时间的过程，各环节的缺少都会对发展产生影响。因此，飞地经济具备时间上的持久与不可间断性。

本章小结

本章论述了飞地经济相关基础理论及概念界定。对飞地经济相关基础理论（包括共生理论、区域分工与要素流动理论、区域非均衡发展理论）逐一说明，并分析了它们与飞地经济的关联性和提供的理论启示，以此充分了解飞地经济的模式；对飞地经济概念进行介绍，从飞地经济概念的由来、内涵及演变发展引入到飞地经济的特征，并对其七个特征逐一进行分析。

第二章　我国飞地经济的发展历程追溯

我国飞地经济每一个阶段的发展都有国家战略及空间规划的历史背景，我国区域经济发展已经进入到新时期，为了更好地了解和发挥飞地经济这一模式，分析我国飞地经济的发展阶段具有理论意义和实际意义。

第一节　我国飞地经济发展第一阶段——萌芽时期（1995—2004年）

第一阶段时间是1994年至2004年前后。2004年以前对于飞地经济的研究较少，典型案例分析资料也较少，飞地经济概念及运用并未普及，这一阶段总体特征是产业发展模式比较粗放，缺乏产业集群和项目体系。这期间我国正处在改革开放20年经济发展的转型阶段，沿海地区城市的崛起和大城市的主导地位正在形成，使得部分城市发展已经达到了区域可承载力的极限，资源在该区域的附着性和依附性越来越小，急需找到新的空间发展与转型；"非均衡发展"越演越烈，造就了东部沿海地区高度经济增长和中西部地区断层式的发展形成巨大反差，省域内相互之间的对口支援以及少数的跨省对口支援相继被提出。基于此，国家开始尝试探索飞地经济的发展模式，从而打开了飞地经济的探索之门。

从合作主导方来看，主要是以政府之间合作为主，以对口援建等强制性帮扶为特征。由于当时我国改革开放的力度不断加大，信息与资源的流动越来越频繁，政府之间的合作逐渐成为发展首选方式，经济有落差的两地根据各自的需要直接主导了产业的选择、规模、走向等因素，使得行政性合作色彩浓重，企业之间没有过多的自主权。再有，对口援建的提出也让一些产业被迫转移或者支援某些地区，虽然行政命令的方式缺乏市场效益最大化，但在当时对于两地也有着合作的利益点，政府作为主导一方，在该阶段并没有明确的规范性文件出台，仅有关于产业转移或者相关内容的地方性简单规定。

从飞地经济"飞行"方向来看，飞地经济的主要"飞行"方向为正向飞地，也就是发达地区往相对落后地区飞。选址一般在省域范围内及周边地区，原因是距离如果太远在当时不利于实践，且周边地区的产业与文化接近，能够更好地实现合作。通过产业转移的方式，珠三角地区的产业得以实现升级与再创造，将仅有的土地资源最大化地利用，选择更高产值的产品为主，将相对落后的产业转移出去，利用接收地相对廉价的劳动力继续再生产；接收地发展相对落后，可以通过这样的形式获得较为先进的发展理念、经验，通过不断学习形成“干中学”的方式，促进产业的成长，使得两地都能获利。

从跨度上分析，省域内飞地经济实践开始进入探索。受到中国—新加坡苏州工业园的影响，江苏、浙江及珠江三角洲地区通过不断学习，分别在本省形成了飞地经济的实践。以广东省为例，该阶段是珠江三角洲产业发展的成熟期，而粤东西北地区与之发展差距越来越大，政府为了协调区域间的平衡发展，提出了支持珠江三角洲将产业转移到相对落后的省内其他地区，政府在其中充当了推动主体和创新主体。由于初期运作经验不足，形成的园区对于产业转移缺乏动力，市场化运营方式极少，作为转移的主体企业也并非完全主动，整体效果并不是特别明显。除了珠三角地区的产业转移模式和对口援建之外，江苏省还在探索飞地经济运营方式走在前列，虽然这一时期并不是探索研究的高峰期，但是在 2003 年成立的江阴—靖江工业园就是全国首创的跨行政区的园区，该园区作为我国首创的跨行政区工业园，为我国接下来飞地经济的发展提供了有力借鉴。

另一个具有典型代表的是浙江金磐飞地经济开发区，它是浙江省最早成立、发展最好的一个山海协作“飞地园区”。1995 年，经浙江省委、省政府批准，金华市为扶持磐安发展，在市区划出一块“飞地”，创设了金磐扶贫经济开发区，规划面积 3.8 平方千米。成立 23 年来，市、县两级党委政府坚持以“八八战略”为引领，积极探索集“精准扶贫、异地开发、生态补偿”功能于一体的飞地经济发展模式，努力打造浙江省推进山海协作的示范区和异地扶贫开发的样板地，成为浙江省重点支持发展的“飞地”园区之一，写入浙江省省政府出台的《关于深入实施山海协作工程促进区域协调发展的若干意见》。其运行模式如图 2-1 所示。

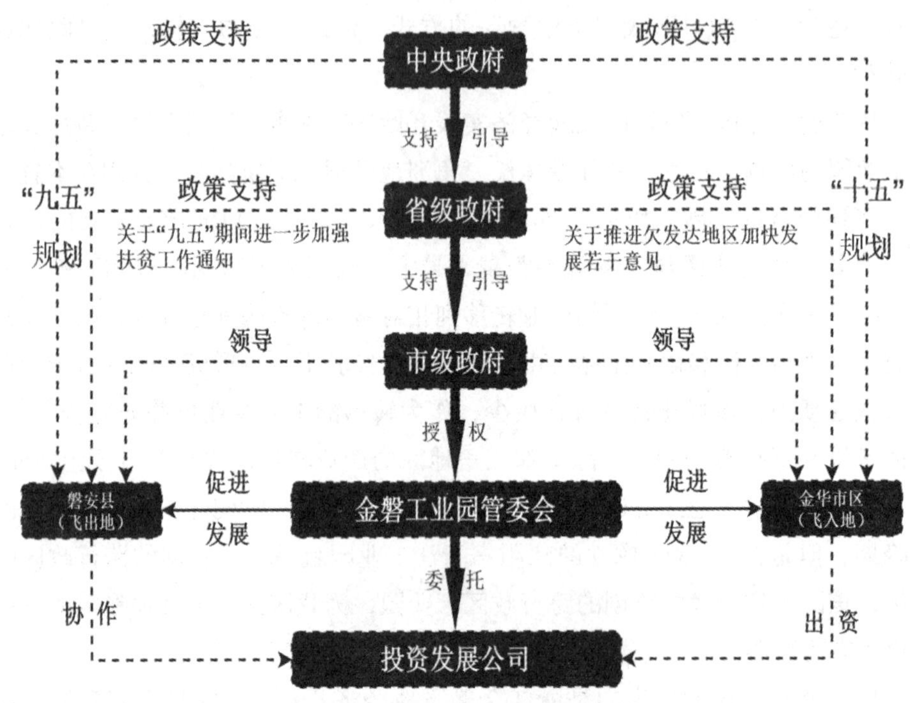

图 2-1　金磐工业园运行模式

第二节　我国飞地经济发展第二阶段——快速发展时期（2005—2014 年）

2005 年以后，我国经济发展政策在空间表现形式上有了变化，改变了过去“强硬”的方式（如撤县并区），转而采取相对“柔性”的政策（如设立许多新区、园区、功能区等），以此实现对于地方的适度控制，形成相对放松空间。同时，为了尽快缩短城市之间的发展差距，实现省域内的均衡发展，进而更快地将产业进行转移，实现“腾笼换鸟”，打造一个省域内的多个增长极，飞地经济的实践在多个地区出现。而经过前期的试点和实践，各个地区开始注意到该模式的优势和可取性，各地的实践纷纷展开，实践及试点的范围也从珠三角地区延伸到长三角地区、东北及中西部地区。

该阶段总体特征表现在逐渐重视产业规划，围绕园区产业定位，不断延长产业链，产业耦合度开始变高，各地区纷纷出台适合本地发展相关政策，区域经济合作的理念逐步深入。此时飞地经济模式已经慢慢得到推广和运用，工业园区渐渐成为飞地经济的主要载体和实施途径，飞地经济实践和研究也处在快速发展时期。但是依然存在一些问题及缺陷：第一，各个地区尝试的飞地经济的动因各不相同，有的地区为了实现优势互补，有的地区则是一味地承接产业转移的项目，完全不考虑环境承载力，环保重视程度很低。很多地区对于飞地经济的理解也因为各地发展的不同而有所偏差，缺少足够的理论解释。第二，虽然实践的地区与案例不断增加，但是最终的结果有成功也有失败的，其中失败的原因是多方面的，如合作的分配机制没有约定清楚、管理机制的不顺、可持续性差、盲目性等。

从飞地经济的合作主导方来看，这一阶段是政府主导与市场主导相结合的时期。在第一阶段，政府主导在充分调动各方资源上有着明显优势，但是缺点是没有优化管理机制和持续发展的动力，市场化因素的缺失使得很多园区的进展缓慢。因此，各地在充分利用政府力量的同时，加入了市场手段，间接地、有意识地弱化了政府的作用，形成了政府与政府之间合作、政府与市场合作的双向特征。

从飞入地的选址和飞行“方向”来看，这一时期主要是省域内合作为主，跨省合作为辅。长三角地区省域内合作案例不断增加，中西部地区与东部地区的跨省合作日趋频繁，而其他地区的自主探索也逐步加深，总体形成了飞地经济发展的高潮期。正向飞地仍然是主要模式，“飞行方向”继续保持发达地区往相对落后地区飞的总体特征。

从飞地经济实践地区来看，第二阶段多以江苏、浙江、东北以及中部地区为主，它们多以实现内部集约化发展为目的且各个地区逐步意识到区域合作协调发展的重要性。江苏省是飞地经济第二阶段的主要实践者，成立园区数量较多，合作项目较广，内容丰富，2007 年成立的合作园区包括：苏州宿迁工业园、张家港宿豫工业园区、无锡—新沂工业园、无锡锡山—丰县工业园、常州高新区大丰工业园、武进高新区阜宁工业园、南京经济技术开发区涟水工业园、江宁经济开发区淮阴工业园、昆山经济技术开发区连云港工业园、镇江经济开发区东海工业园、江阴睢宁工业园等。其主要涉及的产业为电子机械、新材料、精加工、纺织服装等领域。2008 年成立的合作园区包括：昆山—沭阳工业园、吴江经济开发区泗阳工业园、常熟东南经济开发区泗洪工业区、吴中经济开发区宿城工业区。2009 年代表园区有南京江宁经济开发区连云港工业园、丹阳经济开发区灌云工业园、宜兴环保科技工业园沛县园区、无锡蠡园高新区贾汪工业园、无锡—邳州工业园等。截止到 2016 年，江苏共有飞地经济合作园区 45 个，其中 38 家是省域内合作，7 家是省级合作。这些都为飞地经济的实践和推广起到促进作用。

飞地经济第二阶段具有代表性的又一区域是东北地区。这里曾是新中国工业的摇篮，为建成独立、完整的工业体系和国民经济体系，为国家的改革开放和现代化建设做出了历史性的重大贡献。1990 年以来，由于体制性和结构性矛盾日趋显现，东北老工业基地企业设备和技术老化，竞争力下降，就业矛盾突出，资源性城市主导产业衰退，经济发展步伐仍较缓慢，与沿海发达地区的差距在扩大，为此东北地区开始尝试大力发展飞地经济模式。典型代表案例如长海县的海岛飞地经济。受到产业结构不合理、海岛面积狭小、淡水资源短缺等因素的影响，长海县要想找到可持续发展的新方向，必须打破原有的区域控制，“飞”到附近地区实行发展，而附近的皮口镇拥有良好的区位条件，交通便利，是各大城市的枢纽所在，同时皮口镇也是大连皮口经济开发区的地域，因此特别适合建立一个“园中园”模式，最后成功建立以水产品深加工、海洋科研等为一体的飞地经济园区。典型代表案例二，锦州葫芦岛开发区。通过利用开发区规划出来的土地，将阜阳、朝阳招商的项目放在园区，通过建立科学的体制机制、管理模式和利益分配方式，将税收合理的给予两地和开发区，最终实现双赢。锦西工业园运行模式如图 2-2 所示。

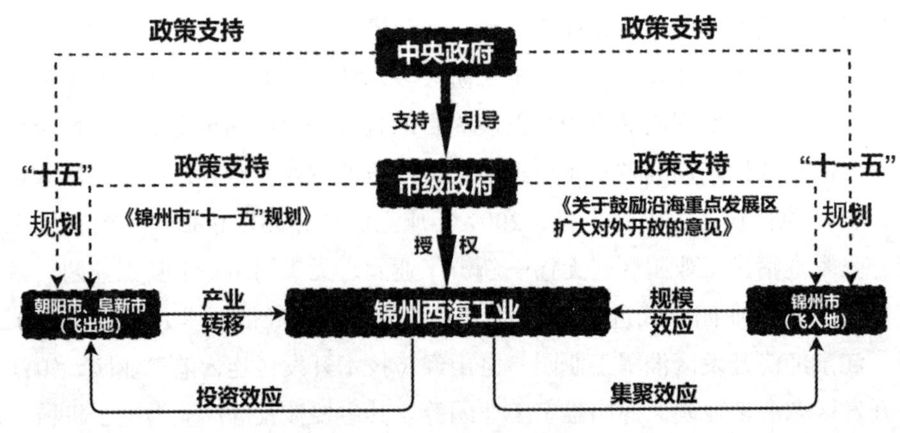

图 2-2　锦西工业园运行模式

第三节　我国飞地经济发展第三阶段——转型时期（2014—2017年）

在经历了快速发展的阶段之后，部分地区飞地经济的实践并没有取得最初的预期效果，失败的案例也不在少数，各地纷纷放缓了尝试发展飞地经济的速度与规模，转而思考与探索如何更加优化的利用这一模式。习近平总书记在位于宜昌长江岸边的兴发集团新材料产业园考察时说："在坚持生态保护的前提下，发展适合的产业，实现科学发展、有序发展、高质量发展。"各地将重点放在发展绿色生态产业，项目内容升级，引进科学技术含量较高、产品附加值高的项目，更加注重环保效益。

在管理机制方面，部分地区已经找到了较为适合的合作方式，运行机制与政策的配套措施也相继完善，合作双方都在不断改善基础设施及招商条件，两地的利益分配机制逐步完善，激励机制的形成使得飞地经济的运用更加广泛，民族地区的实践也逐步扩大，飞入地与飞出地的权责更清晰。除了飞地工业模式之外，飞地农业、飞地旅游、反向飞地、飞地孵化、总部经济等新型模式开始出现。

从全国经济发展战略的角度来看，飞地经济第三阶段主要服务于"一带一路""京津冀""长三角一体化""粤港澳大湾区"等新兴战略，表现在各地区分工更加明确，区域经济协调发展，新发展理念广泛深入。

从国家政策支持上来看，2013—2017年，国家先后颁布了一些带有飞地经济内容的政策文件，如2013年6月18日印发《国家发改委贯彻落实主体功能区战略推进主体功能区建设若干政策的意见》（发改规划〔2013〕1154号），其中鼓励重点开发区共建共办开发区，积极发展飞地经济；2015年12月28日印发《国家发改委关于进一步加强区域合作的指导意见》（发改规划〔2015〕3107号），其中提到支持有条件的地区发展飞地经济，鼓励各地通过委托管理、投资合作、共同组建公司管理园区等多种形式合作共建各类园区；2016年国家发展改革委印发《关于贯彻落实区域发展战略促进区域协调发展的指导意见》，明确规定鼓励有条件地区发展飞地经济，鼓励中西部和东北地区通过委托管理、投资合作等多种形式与东部沿海地区合作共建产业园；2016年9月中共中央、国务院印发《长江经济带发展规划纲要》明确指出要引导产业有序转移，并鼓励上海、江苏、浙江到中上游地区共建产业园，发展飞地经济；2016年11月，国务院在《国务院关于印发“十三五”脱贫攻坚计划的通知》中提到探索发展飞地经济，引导发达地区劳动密集型产业优先向贫困地区转移；2017年5月国家发展改革委八部委飞地经济联合发布了《关于支持“飞地经济”发展的指导意见》，明确规定要创新飞地经济合作机制，发挥不同地区比较优势，优化资源配置，促进要素自由有序流动，为推进区域协调发展做出新贡献。

从“飞行”的方向来看，前两个阶段更多是较为发达地区向相对落后地区飞入，飞出地通过转移产业和实现自身的产业升级，飞入地则利用飞出地的先进管理经验、服务体系、科学技术等，实现自我的发展与突破。在第三阶段，部分地区尝试反向飞地经济模式，即经济发展相对落后地区往发达地区飞出，借助发达地区的人才优势、科技优势、科研优势以及集聚效应等因素，在飞入地建立科研基地，将人才、技术、研发放在发达地区，从而将这些因素转化为经济发展的要素。这一时期飞地经济模式的表现形式则以研发基地、孵化园、总部经济为主。

飞地经济第三阶段典型实践案例主要有上海张江（衢州）生物医药孵化基地、杭州衢州海创园以及慈溪创新（创意）飞地园区等，都是典型的反向飞地经济模式。上海张江生物医药孵化基地于2015年设计，基地以公共平台为重点，以科技创新为特点，以生物制药为亮点，以科技创新和平台搭建为媒介，促进新药研发和产业化。近年来，衢州积极地在一线城市布局飞地经济，已有创新型飞地经济基地6家，通过孵化基地为载体，已经聚集了高端人才30多名，他们不仅在孵化基地集聚工作，同时为衢州培养人才，形成了造血式帮扶。衢州海创园是省域内的反向飞地经济实践典型代表。该园区以数字经济、智慧产业为方向，与绿色产业集聚区、西区形成“一核两片”的招商引资格局，旨在打造成为衢州新兴业态培育的新基地、产业转型的新引擎、高端人才的新特区和财政税收的新增长点，实现了研发在杭州、生产在衢州的效应。同时，政府在管理层面上没有直接涉及，而是选择通过民营企业——银江集团旗下的孵化器展开，在运营方面更加市场化，使得资源配置起到了最优效果，政府仅仅作为指导角色进入。衢州海创园运行模式如图 2-3 所示。

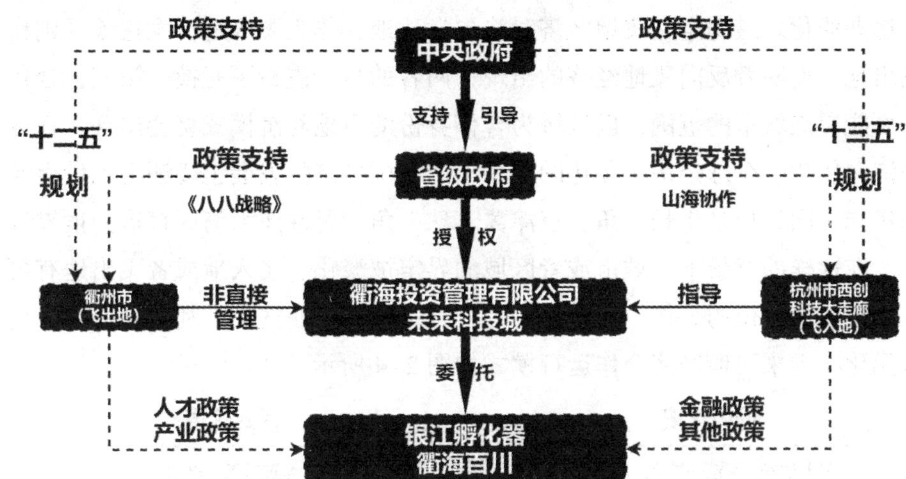

图 2-3　衢州海创园运行模式

与衢州海创园相对应的慈溪创新创意飞地园区属于省域内飞地模式，但是两者的模式一致，同样是反向飞地经济模式的典型代表。慈溪地处上海、杭州、宁波三大城市之间，除了拥有良好的区位优势之外，人才流失是区位带来的一个问题，高端人才更愿意留在生活环境更好、发展较好的地区。为了破解发展问题及留住人才，慈溪在北上杭深等人才密集点建立双创飞地，打造"工作生活在杭州，服务贡献在慈溪"的发展模式，同时加大市场化运营，弱化政府的干预职能。

第四节　我国飞地经济发展第四阶段——百花齐放阶段（2017 年至今）

在经历了前面三个时期的发展实践之后，飞地经济模式越来越趋向成熟和稳定。

从当前的发展趋势来看，本文认为未来飞地经济发展模式将会产生一些变化，主要表现在以下几点：第一，管理模式。过去部分地区在管理模式上采用了托管或者分工管理的方式，但是一些地区的实践结果是失败且无效的，如宁波—鄞景开发区，采用直接"托管式"的管理模式，最终导致实践效果较差，没有实现宁波—鄞景民族地区的“造血式”发展。第二，飞出地与飞入地的身份逐渐淡化。最初定义飞地经济时将欠发达地区作为飞入地，发达地区则作为飞出地。而随着反向飞地经济的出现，两者的身份进行了互换。第三，合作主体可能突破城市的范围，以区域为合作身份的飞地经济模式将会出现。在区域经济一体化、全球经济一体化的背景下，我国经济的发展也逐渐融入世界经济的格局，国家更是将长三角、京津冀、珠三角、粤港澳大湾区打造为世界经济区。在这样的背景下，城市或者区域的界定被淡化，飞入地或者飞出地有可能是以区域为单位的合作，而合作的内容、主体、产业选择、利益分配将会更加多元化。未来飞地经济合作运行模式如图 2-4 所示。

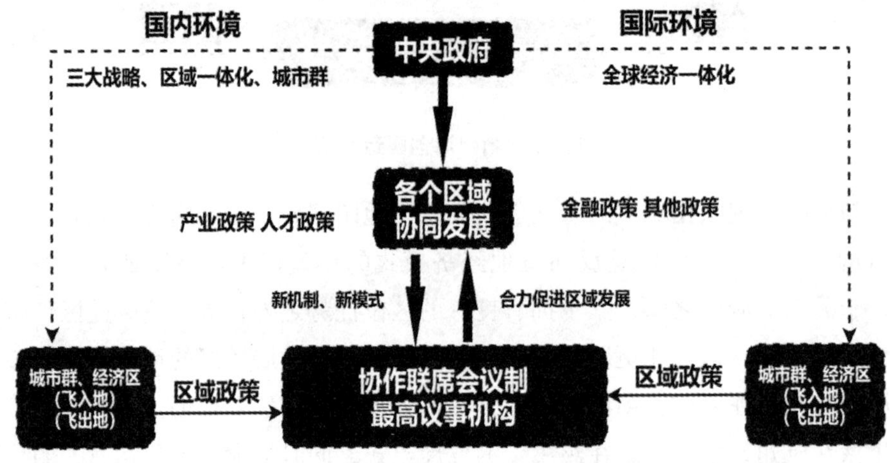

图 2-4　未来飞地经济合作运行模式

我国飞地经济模式发展的每一个阶段所表现出来的特征都不一样，从产业发展情况、政策背景、合作主导力量、飞地选址、空间跨度、运行机制等都有阶段性的特征，本书归纳梳理见表 2-1。

表 2-1　我国飞地经济模式各阶段发展历程特征

历程 特征	第一阶段 萌芽阶段	第二阶段 快速发展阶段	第三阶段 转型阶段	第四阶段 百花齐放阶段
产业发展情况	产品附加值低、技术含量不高	围绕园区产业定位，不断延长产业链条，产业耦合度开始变高	发展适合的产业，实现科学发展、有序发展、高质量发展	产业选择更加科学、区域之间产业定位更加准确

续　表

历程特征	第一阶段 萌芽阶段	第二阶段 快速发展阶段	第三阶段 转型阶段	第四阶段 百花齐放阶段
政策背景	改革开放 20 年前后、“非均衡发展”理论	各地区纷纷出台适合本地相关政策，区域经济的理念逐步深入	“一带一路”“京津冀”“长三角一体化”“粤港澳大湾区”等新兴战略	全球经济一体化、区域协调发展战略
合作主导力量	主要是政府之间合作为主或者命令形式，其中不乏对口援建等强制性帮扶	政府主导与市场化运营相结合的时期	企业与企业之间的合作、单个政府指导协调模式出现	政府引导、市场主导的方式
飞地选址	主要“飞行”方向为正向飞地，也就是发达地区往相对落后地区飞	“飞行方向”继续保持发达地区往相对落后地区飞的总体特征	更多实现了反向飞地	正向飞地、反向飞地皆有
空间跨度	跨国飞地、省域内飞地和跨省飞地兼有	省域内合作为主、跨省合作为辅，	县域内、跨市县、跨省	跨市县、跨省、跨国皆有
运行机制	没有统一标准、试点尝试阶段	各个地区自行其是较多，对于飞地经济的理解也因为各地发展的不同而有所偏差，缺少规范的概念分析及足够的理论解释	运行及政策的配套措施相继完善	利益分配更加合理、运行机制逐渐成熟、管理模式逐渐形成，各地区统一意识形成
代表园区	苏州工业园、江阴—靖江工业园	苏州宿迁工业园、张家港晶晶开发区宿豫工业园区、无锡—新沂工业园、长海县的海岛飞地经济	上海张江(衢州)生物医药孵化基地、杭州衢州海创园以及慈溪创新（创意）飞地园区	浙江衢州绿海飞地深圳产业园

本章小结

本章分析研究我国飞地经济的历程，对我国飞地经济发展的各个阶段进行梳理，从萌芽阶段、快速发展阶段、转型阶段和百花齐放阶段的发展背景、理论和实际意义分步论述，并将我国飞地经济各阶段的运行模式情况和每个阶段的典型案例以图表的形式说明，以便读者更清晰地了解我国飞地经济的发展历程。

第三章　我国民族地区飞地经济的现状分析

第一节　我国民族地区飞地经济的现状

从当前国家陆续出台的有关区域经济发展的政策中可以发现，都提到了要大力发展飞地经济这一模式，鼓励沿海发达地区通过梯度转移理论，指导实践飞地经济的平稳运行。当前是我国“十四五”的开局之年，也是民族地区发展的重要契机，各地区纷纷出台适合本民族地区发展的政策与规划，飞地经济这一模式也成了民族地区选择的重要方式。以四川民族地区为例，2021 年 3 月 24 日，凉山州制定的《凉山彝族自治州国民经济和社会发展第十四个五年规划和二〇三五年远景目标纲要》中提到，不仅要有序开展生态保护与修复，还提出要坚持把产业园区作为高质量发展的重要载体，会同成都共同推进成都—大凉山加工贸易区的建设，构建聚集产业发展的“飞地”高地。2021 年 3 月 23 日，阿坝藏族羌族自治州人民政府印发的《阿坝藏族羌族自治州国民经济和社会发展第十四个五年规划和二〇三五年远景目标纲要》中也提到要构建嵌入新发展格局，大力发展飞地经济，积极承接发达地区的产业转移，大力发展总部经济，建立总部在州内、生产基地在“飞地”或建立生产基地在州内、总部在州外的区域合作新模式。甘孜藏族自治州（以下简称甘孜州）《甘孜藏族自治州“十四五”生态保护与建设规划》的重点任务中明确提出，推动高质量发展，大力发展飞地经济，有序开展清洁能源。由此可见，我国民族地区选择飞地经济模式有其必要性、重要性及可行性。

一、我国民族地区选择飞地经济模式的必要性

国家对于民族地区社会经济的发展非常重视，从改革开放至今，我国分别采用了不同的发展方式来试图促进民族地区的经济发展，但是却没有取得预期的效果。第一阶段为改革开放初期到西部大开发战略的提出，这一阶段国家采取非均衡的发展方式，试图将沿海地区打造成为经济发展的增长极，依靠扩散效益实现民族地区的经济发展。但是这样的方式取得的效果较慢且较差，不但没有产生发展带动的效益，反而加速了不均衡发展的现象。这期间我国民族地区成为发达地区资源的输出地，处在产业链最低端，仅仅靠资源的输出换来短

暂的经济发展，进一步加剧了不平衡发展的局面；第二阶段为西部大开发战略实施到党的十八大召开以前，这一阶段国家开始调整发展战略方式，通过产业转移的方式指定部分发达地区帮助支援民族地区，即在民族地区建设大量的工业园区，试图将先进的技术及管理方式引入民族地区，从而直接打造民族地区的增长极，实现经济的跨越式发展。但是实践中仍然存在很多问题，最直接的问题就是民族地区要面对生态保护与发展之间的矛盾，而且各个开发区或者园区产生的收益并不明显，对口支援的建设更多是“输血式”的帮扶，经济发展后劲及可持续力不足。

通过前面两个阶段的发展，国家意识到简单地利用扩散效益来带动民族地区经济发展速度较慢，而直接通过产业转移打造民族地区的增长极又会带来环境破坏的问题。因此又一次调整经济发展战略，采取非均衡的经济协调发展战略，试图解决上述面临的问题，这一战略满足了均衡发展与非均衡发展的要求，即继续加强发达地区的“领头羊”位置，加快扩散效益的速度，同时强调整个区域的协调、均衡发展，既实现了民族地区经济的发展，又减少自然环境的破坏。由此区域协调发展的新模式，（包括中心—腹地模式、省际毗邻边缘区模式、省内城市间模式以及飞地经济模式），为民族地区的经济发展起到了的重要促进作用。但是区域协调发展的新模式中，最终哪一种为最佳选择？以下我们将逐一分析。

（一）中心—腹地模式的特点及弊端

中心—腹地模式最直接的理论就是增长极理论及辐射理论。该理论强调要在一个区域内打造增长极，通过极化效应与辐射效益达到带动周边发展的目的。其实现的条件一般包括：

1. 由中心和腹地（非中心）城市组成。通过打造一个增长极点，实现扩散效益带动经济发展。

2. 优势互补。中心地区一般属于特大城市，拥有较好的各项制度作为保障，而腹地则作为资源的补充地，能够较好地实现与中心地区的优势互补。

3. 良好的交通网络设施。这是中心—腹地模式实现的必要条件之一，根据空间扩散规律，距离与经济扩散能力呈反向关系，距离越短，作用力越大；反之，距离越长，作用力越小。作为中心城市，拥有了良好的交通网络基础设施能够更好地实现扩散效益，这样才能带动腹地的发展。

作为区域协调发展的重要模式之一，中心—腹地模式能够很好带动周边地区的发展，但是民族地区不适宜走这一模式，主要原因有三点：第一，中心—腹地模式最大特点是依靠中心形成的辐射带动作用，而最终能否形成扩散效益是不确定的。上文提到的第一阶段就是依靠发达地区的辐射带动作用，实现落后地区的经济发展，但是效果却不明显，甚至回流效应大于了扩散效益，使得发达地区更加发达，落后地区更加落后。第二，即使政府进行干预，实现了扩散效益大于了回流效益，能够一定程度上带动民族地区的发展，但是这样的速度十分缓慢。以发达沿海地区为例，通过这一区域形成的扩散效益需要一层一层地向外围突破，最后才能到达民族地区，而民族地区属于扩散的最后一层地区，这样的扩散速度是极度缓慢的，期间所能得到的效益也在扩散中逐渐削弱，能够带来的效益也是非常小的。我国民族地区要实现发展，依靠这样缓慢的扩散带动效益速度是不够的。第三，如果直接通过在民族地区打造增长极，也许可能会增加扩散效益的速度，但是前文论述过，民族地区多处在生态保护区，在生态保护与经济发展之间如何取舍是个问题。因此，民族地区选择中心—腹地模式限制条件较多，不适合作为推广的模式。

（二）省际毗邻边缘区模式的特点及弊端

省际毗邻边缘区模式又称为“行政区边缘经济”，是指国家经济内由于行政区划、政府职能和地方政府行为对区域经济的刚性约束和“边缘效应”的影响，而在行政区交界地带产生的一种特殊的、具有分割性和边缘性的区域经济。要实现省际毗邻模式需要满足的条件是：地理位置相近，环境与自然条件相似。我国部分民族区域属于不同省份之间的区域带，从自然环境、人文条件等方面都具有一定的相似性，这也促使相互之间发展成为可能，如武陵山少数民族地区就属于湖北、湖南、重庆、贵州 4 省交界带。省际毗邻地区涉及地区广，同属于一个自然文化地区，在产业的选择和发展上具有共性和分工性。

湘鄂渝黔省际毗邻边缘区就是该模式在民族地区实践的典型代表，为具有相同发展条件的民族地区提供了良好的实践经验，但是它的实践并不能大范围运用，究其原因有三点：第一，省际毗邻区模式涉及的地区较多，权力的交织过多。这一模式多数情况涉及了个以上行政区，在权力划分、利益分配、产业选择上复杂性更明显，相互之间的无序竞争也比较强烈。第二，地域的特殊性。省际毗邻非常强调一个地域的特殊性，即自然文化、产业发展、地理位置的集中化，而不具备这样条件的民族地区就不能适用这一模式，可复制性降低。第三，即使存在多数的民族省际毗邻地区，其发展规模也较小。涉及民族地区的交织毗邻区多为发展较落后的地区，无论从硬条件发展环境还是从软条件发展理念来看，都很难形成较大的规模产业。因此，省际毗邻模式适用的局限性较大，不适合作为大规模的推广方式。

（三）省内城市间模式的特点及弊端

省内城市间模式，是指以特定城市为中心发展区域，联合周边数座城市形成的城市群发展模式，与中心—腹地较相似，都是通过打造一个具有增长极的极点，通过扩散效应实现周边地区的发展，不同的是省内城市间强调一个省域内几个城市的联合发展，跨越范围只在省内，这一模式能够较好地利用扩散效益，使得回流效应最小化。省内城市间模式实现的条件包括：第一，经济的相互联系。同在一个省域内，打造具有互补性经济的产业相对容易，因此该区域内的经济联系较紧密。第二，地理位置相近。在不跨越省级行政区域的前提下，省域内的各个城市之间交通距离都不远，资源的流动较为畅通，从原材料地到最后的市场之间阻力较少。第三，便捷的交通。省内城市间模式必须依靠强大的交通体系支撑，各个城市之间的高速公路网、快速路段网、轨道交通网等设施必须非常完善，拥有联系各个城市的城际轨道交通网络。典型的代表是长株潭城市群，同为湖南省的境内，也是长江中游城市群的组成部分，在发展中取得了较好成效。

从省内城市间模式来看，省内城市之间联系较为紧密且区域之间的跨度不大，在管辖权限的协调上也不像跨省合作那样复杂，是民族地区发展模式的较好选择之一，但是从实践来看，我国民族地区并没有大规模的推广，甚至鲜有这一模式在民族地区实践，究其原因在于：第一，我国多数民族地区交通基础条件较差，无法形成省内城市的轨道交通网络。我国民族地区由于受到地理因素的影响，交通基础条件较差，从而无法达到实践这一模式的条件。第二，从客观的选择来看，民族地区就被排除在城市群的考虑范围内。省内城市间模式的目的是要实现城市群的规模化，形成以 1 个以上特大城市为核心，由 3 个以上大城市为构成单元。而我国民族地区通常远离这些中心城市群的范围。

二、我国民族地区发展飞地经济模式的重要性

通过上述的论述可以看出，我国民族地区选择飞地经济模式的发展道路是必要的，同时具有可操作性，它不仅较好地解决了民族地区环境保护与发展之间的矛盾，也较好地完成了民族地区的跨越式发展，是我国民族地区打赢脱贫攻坚战、守好攻坚战成果的重要抓手，其优点主要体现在以下几个方面：

第一，飞地经济模式与第一产业的创新融合。农业发展问题从来都是关乎国家发展和经济增长的头等任务，我国的“三农”问题从过去到现在一直是研究的重中之重。从2004年至今连续发布的中央一号文件，都围绕着强农、惠农和富农的新政策，表明了国家对农村经济发展的高度重视。我国民族地区多以农业生产为主要经济来源，但是受到地理位置、科技水平等因素的影响，农业生产面临土地碎片化、生产粗放化、技术低端化问题，而飞地经济与农业的结合可以较好地解决这些问题。通过在异地流转土地，将民族地区的政策、资金、扶贫项目放到“飞入地”，不仅解决了土地碎片化带来的非集约化生产，也缓解了扶贫资金使用混乱、利用效率差的问题。飞出地的产业扶贫资金对飞入地（企业）的注入，不仅可以满足飞入地（企业）对资金的需求，而且可以更有效地帮助飞入地产业得以更好地发展，更重要的是，可以使得飞出地达到脱贫奔小康的目的。以湖南湘西州十八洞村为例，采取了“龙头企业＋贫困对象＋产业项目”的精准扶贫模式，在湘西国家农业科技园花垣核心区花垣镇紫霞、辽洞、道二等村集中连片流转了1200亩（约等于667平方米）土地，用于高标准种植优质猕猴桃，3年内实现就近就地培训农民种植优质猕猴桃技术知识和技能达2000多人次，就近就地解决农村农民富余劳力就业达50000多人次；2017年初果实现销售收入180万元。

第二，飞地工业园的成功实践。我国民族地区工业总体发展缓慢，集聚效应不明显，使得工业成为经济发展的短板，而飞地经济模式在工业的运用可以大大缓解这些问题。以玉溪高新区与江川区合作共同管理建设龙泉工业园区为例，截至2018年底，龙泉园区入驻企业28户，建成特固电气、联塑科技、腾达机械等14个项目，总投资约17.5亿元，用地约1000亩，产值约23.8亿元，税收约1亿元。在建项目升华电梯二期、龙泉彩印、巨鹏燃气、博能燃气、德兆环保等14个项目，总投资约90.4亿元，用地1618亩，产值约176.3亿元。

由案例可以看出，飞地经济模式在工业的运用方式对于我国民族地区的发展有重要促进作用。

第三，反向飞地经济模式的创新运用。过去东中部地区飞地经济模式主要通过传统的承接产业，实现经济的发展，但是带来的是环境的破坏和产业的低端化，可持续性较低。而现在飞地经济模式已经从过去建园区的方式，转变为新型科研飞地、总部经济、孵化园模式，其中最大的特点是飞出地与飞入地角色的互换，既解决了相对落后地区环保红线的问题，也实现了当地经济的发展。典型案例是以衢州海创园为代表的飞地经济新模式，不仅发挥了主观能动性，在发达地区建立自己的科创飞地，还能吸收与共享各种发展要素，引导对口的产业在原行政区建立制造基地，实现研发与生产的跨区域联动，为衢州本地的产业转型提供一个向外的窗口和落脚点，实现人才、技术、资本等资源的双向流动，这样的一种新模式对于民族地区发展来说是极具参考价值的。

三、我国民族地区飞地经济实践的可行性

我国民族地区飞地经济具有实践的可行性，主要体现在以下三个方面：

第一，飞地经济强调两地的合作与优势互补，对于我国民族地区来说，飞地经济除了具有帮扶性质之外，互利共赢也是其最大的特点。东部地区在享受了改革开放的红利之后，经济迅速崛起，比起中西部乃至民族地区有着先天的优势，不仅在先进技术、管理方式、产业发展上都具备比较优势。而西部民族地区处于我国内陆地区，加上交通基础设施的不完善，使得经济的发展始终处于较为落后的局面。近年来随着国家陆续颁布协调发展的相关战略，使得各个地区之间的合作不断紧密，民族地区拥有良好的自然资源和劳动力成本，对于发达地区而言是合作的有力前提，从 2010 年开始民族地区开始尝试并实践飞地经济发展方式。例如，北京市与新疆石河子市的合作、成都市与阿坝州的合作、内蒙古与河北的合作等，都取得了很好的效果，为我国民族地区今后发展完善飞地经济模式起到了示范作用。同时，民族地区的政策能够保证发达地区的发展需求，使得飞地经济的实践有了政策的保障。

第二，20 世纪 90 年代末开始，我国沿海地区开始实行产业转移，由于受到东部地区劳动力成本上升、土地价格升高等因素影响，中部地区逐渐成为东部地区产业转移的目标，而当时这样的合作也是符合经济发展规律和需求，中

部地区也迎来了发展的契机。由于民族地区，特别是西部边远的民族地区，受交通信息等客观因素影响，在承接产业转移的时候选择面很小，选择项目也不够理想和适用，承接的产业多为“三高”企业项目，环境的破坏也比较大。随着国家开始重视环境的重要性，环保红线的规定使得多数民族地区不能盲目地在当地发展工业，在经济发展与环境保护之间必须找到新的平衡点。飞地经济的合作模式可以较好地解决这些问题，通过跳出当地的工业发展，选择异地建立工业园区，将民族地区的政策、资金与发达地区的先进技术、管理模式结合，实现两地的合作共赢。典型的案例如成都—阿坝州工业园就是生态补偿和经济发展的成功实践。同时，飞地经济的实现形式也不断在改变，浙江衢州海创园的科研飞地将会是民族地区借鉴的有效方式，与传统共建园区不同，科研飞地的经济选址及用地更加高效，经济的收益更大，人才的培养更加科学。

第三，我国从 1949 年后就开始持续对民族地区进行帮扶，从早期的普遍性救济到民族地区区域救济，再到以贫困县、贫困村的开发式扶贫，一定程度上给予了民族地区经济发展提供了有利条件。党的十八大以来，国家更是聚焦以贫困户为基本单位的精准扶贫策略，体现了国家对于打赢这场扶贫“战役”的决心和科学谋略。虽然当下我国已经取得了脱贫攻坚战的全面胜利，但是由于受到自然条件的约束、地理位置的限制和历史传统问题的影响，我国民族地区相比较其他地区更容易在脱贫之后返贫。而飞地经济发展模式对于较贫困的民族地区的经济发展是有效的，不仅可以实现农业的集约化生产，还能形成工业的集聚效应，带动两地的共同发展和周边地区的城镇化进程，是一种可持续、可复制、可推广的有效模式。

第二节　我国民族地区现有飞地经济实践案例分析

一、西藏自治区

西藏的飞地经济起步较晚，研究文献也相对较少，由于地理位置等因素的影响，经济发展相对缓慢，而飞地经济可以作为实现跨越式发展的一个有效手段，通过学习发达地区的经验及管理技术，以实现技术进步、产业调整升级。

从西藏飞地经济的实践来看，西藏拥有两个实践案例：一是藏青工业园。2014 年藏青工业园开工建设，地址选在青海格尔木市，以矿产深加工为主，是青海与西藏协调合作共建的成果，旨在充分利用两地的优势，最终实现资源互补、共同发展。藏青工业园建设开创了省区合作的新模式，在全国都是一个先例，发挥外联内运的跳板作用，在丝绸之路经济带基础设施建设和对外贸易中找到新的市场。建设开发藏青工业园，是破解西藏经济发展自然条件制约、实现资源优势向经济优势转化、推进经济跨越式发展的有效载体，是实现藏青两省区优势互补、互惠共赢、共同发展的重要举措。藏青工业园运行模式如图 3–1 所示。二是位于日喀则的飞地经济与农业领域的合作，日喀则为了有效解决部分县区资源禀赋差、经营主体少、产业扶贫难等问题，探索飞地经济模式与农业的融合，将定日县与昂仁县两地的扶贫资金进行整合，启动发展了青稞和牦牛产业扶贫，是典型的飞地农业的合作模式，目前产业产量及产值都取得较好成果。

充分利用飞地经济是西藏自治区经济实现发展的有力模式，但是有些问题还有待改善，如西藏自治区拥有 3 个经济开发区（日喀则经济技术开发区、林芝经济技术开发、拉萨经济技术开发区），主要以国家对口帮扶的形式建立，在实践中帮扶的地区主要以产业转移的形式，这一模式的推广效果不理想，因此还需要进一步探索和改变。

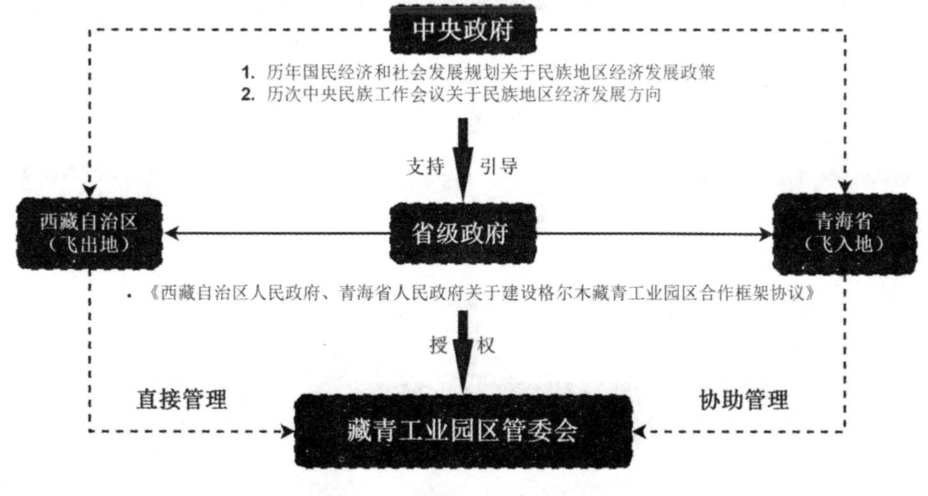

图 3–1　藏青工业园运行模式

二、新疆维吾尔自治区

研究新疆维吾尔自治区飞地经济的文献数量较少。陈小昆、崔光莲（2006）提出利用飞地经济发展新疆的工业，以新疆主要产业的经济综合得分指标和排名为实证数据，将新疆发展飞地经济的重要性及必要性及进行阐述，得出新疆发展飞地经济必须从明确发展思路、依托特色产业、产业微观主体等方面开展；葛玉红（2013）以全国第三次对口支援新疆兵团为契机，提出要大力发展飞地经济模式，积极引导支持企业“飞出去”和“引进来”等方式，加快飞地经济在新疆兵团的实践。

新疆飞地经济典型案例：一是北京市与新疆兵团合作的飞地经济产业园，选址在新疆兵团石河子市，其运行模式如图 3–2 所示。通过利用石河子市的制度优势、北京市的资源技术优势和石河子开发区的区位优势，三者实现飞地经济的合作机制，鼓励相关产业落户到开发区。二是新疆领科物联网产业园，园区主要以对口援建模式为主，通过承接上海等发达地区的产业，将一些企业引入新疆，实现当地的经济发展。此外，类似的还有伽师县兴业中小企业孵化基地，将佛山的相关产业引入当地，实现企业化管理和运行，最终实现当地经济的发展。

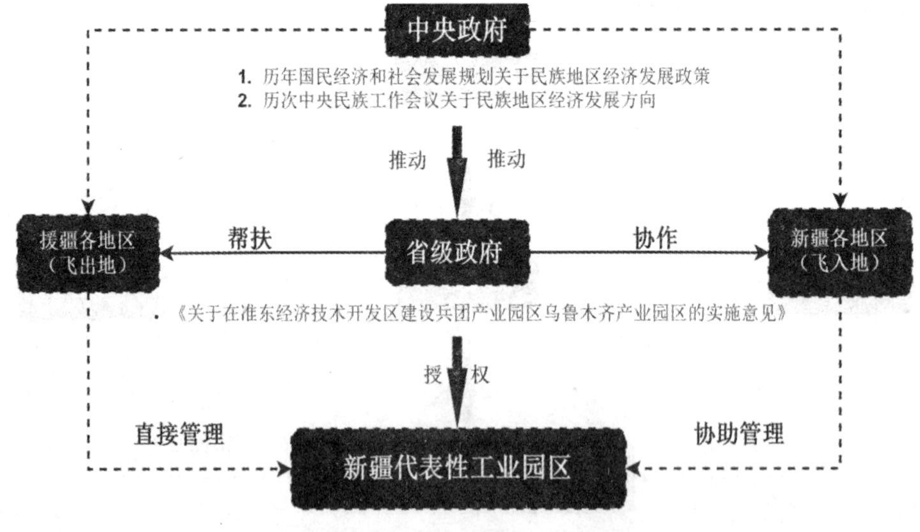

图 3–2　新疆飞地园区运行模式

三、宁夏回族自治区

飞地经济模式在民族八省份中研究最少的应该是宁夏回族自治区，通过查阅文献分析，关于宁夏回族自治区飞地经济学术研究，只有部分报纸或者新闻报道提到了这一发展模式。典型案例：一是宁夏回族自治区固原市原州区姚磨村的农业产业集约化是具有飞地经济特征的农业飞地模式，姚磨村离固原市 24 千米，有种菜的历史传统，向来是固原城的“菜篮子”。从 2007 年开始，姚磨村大力发展冷链蔬菜产业，为了扩大种植范围及数量，2014 年，姚磨村瑞丰蔬菜产销专业合作社在河东、别庄两个村流转土地万亩，新建一个冷链蔬菜基地，实现了农业的飞地经济模式。二是宁夏回族自治区石嘴山市陆港经济区惠农区打造的飞地经济园区，惠农区不断深化与天津方面的合作，通过将天津港口经济的管理、品牌、声誉、人才、市场等优势资源整体输入惠农，使惠农在很短的时间内迅速提升了发展能力，实现了发展水平的整体跃升。当前，惠农正处于赶超和崛起的关键时期，经济发展既需内力推动，也要外力相助，而“飞地经济”就是惠农经济发展强有力的“助推器”，经济开发取得了实效，为两地发展飞地经济奠定了坚实的基础。石嘴山市陆港经济区飞地无区运行模式如图 3-3 所示。

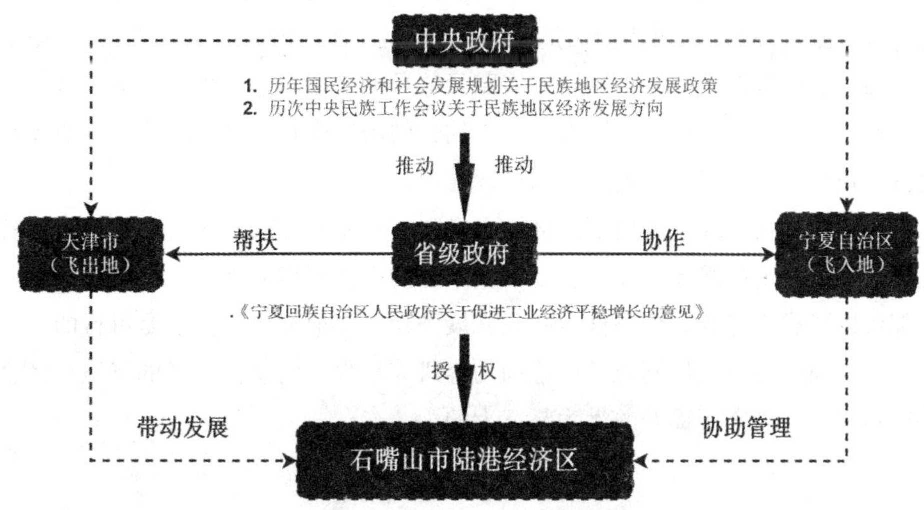

图 3-3　石嘴山市陆港经济区飞地园区运行模式

宁夏回族自治区的飞地经济研究很少，这与当地的经济发展、地理位置、历史背景等因素有关，但是不能否认飞地经济在实践的过程中给我国民族地区经济发展带来的重要促进作用，如果发达地区加大与宁夏回族自治区的合作与帮扶，那么当地的经济发展将会引来转机与突破。

四、内蒙古自治区

飞地经济在内蒙古地区的实践与学术研究相比之前的民族地区较多，王宗美（2018、2019）分别针对内蒙古赤峰市的飞地经济做了相关研究，分析指出赤峰市作为内蒙古重要地级市已经具备了发展飞地经济的条件，拥有 5 个产业园区，能够承接发达地区的产业转移，同时指出未来赤峰市发展飞地经济的建议及对策；谷青（2019）针对阿拉善地区的飞地经济发展做出了研究，分析阿拉善地区当前发展面临着招商引资质量差、招商效果差及缺乏相关政策，而利用飞地经济模式可以有效缓解以上问题，加大当地的经济发展。

从具体实践来分析，内蒙古临港产业园区是典型的飞地经济合作示范案例，该园区合作主体——内蒙古自治区与河北省，根据 2011 年 3 月由内蒙古自治区人民政府和河北省政府签署的《建设临港产业园和港口项目合作协议书》，由河北省在曹妃甸新区给内蒙古划转 40 平方千米土地建设内蒙古临港产业园区，并在曹妃甸港区规划 5 个功能性码头及相应的用地，为打造内蒙古自治区转型发展的示范窗口和创新示范型项目起到了重要作用。园区的发展要求较高，承担着探索内蒙古转型发展路径的重要使命和建设生态产业园区的任务，通过与区域连接成自然生态区、集约化的用地模式，可持续化的工业体系也将体现出来。内蒙古临港产业园区运行模式如图 3–4 所示。

内蒙古是我国的重要边疆地区，也是我国重要的民族地区，飞地经济的实践在这里有一定的基础，除了可以承接东部的产业转移之外，与东部、西部地区都可以形成良好的合作条件，甚至开展国际的飞地经济合作也是可行的。虽然针对飞地经济相关机制及其他方面内容研究较少，内蒙古开展的飞地经济合作也不多，但未来可提升的潜力是巨大的。

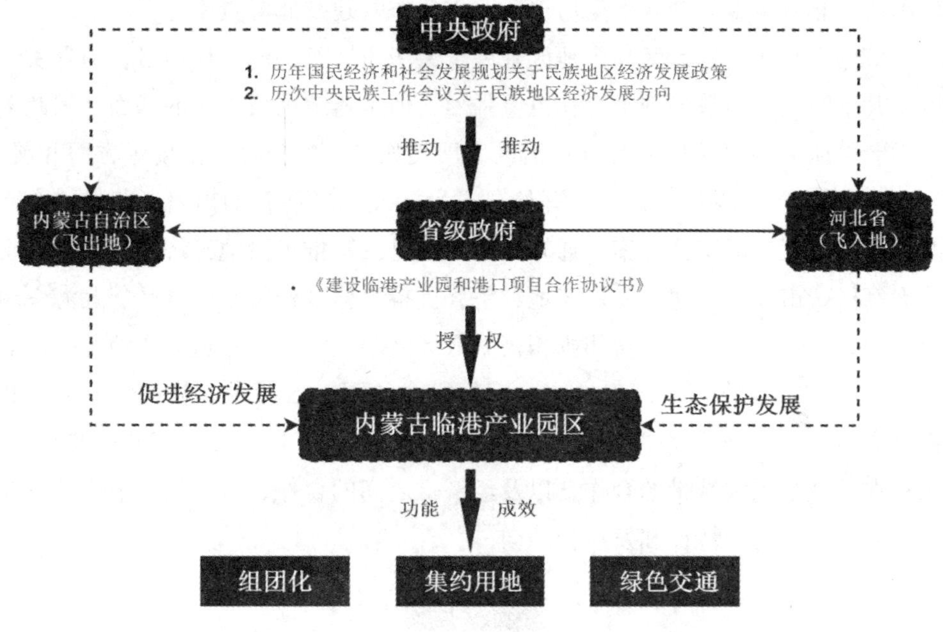

图 3–4　内蒙古临港产业园区运行模式

五、广西壮族自治区

广西壮族自治区作为我国临海的民族自治地区，具有良好的区位优势，飞地经济的实践与研究较多。满昌学（2009）提出要利用侨乡的优势，促进广西壮族自治区容县的经济发展，通过创新发展方式，探索发展飞地经济。邹千江（2009）将“类飞地型”城市作为发展模式的研究，指出边陲城市要取得快速发展，主要应致力于建设“类飞地型”城市模式，以广西壮族自治区柳州为例，分析了“类飞地型”城市的含义、形式、产生原因等，并探讨了这种模式在边陲城市工业和旅游文化产业发展中的作用。王景敏（2011）、李宁、梁群、张毅（2012）等分别提出飞地经济的发展优势及发展飞地经济模式的构想。

广西壮族自治区的飞地经济实践与数量较多，其中 2013 年与云南省政府签署了《关于建设云南（广西北部湾经济区）临海产业园战略合作实施协议》，在北部湾经济区选址合作建设云南临海产业园；2012 年 9 月，四川、广西两省区政府签订《关于加快推进建设西南出海大通道暨合作共建北部湾川桂临海产业园的协议》；2014 年 4 月 27 日，广西壮族自治区党政代表团到贵州考察期间，贵阳市与北海市签订合作框架协议，双方合作共建“北海贵阳港”。

虽然广西壮族自治区与多地区开展了关于飞地经济的合作项目，但是实际效果并不明显，多数呈现了合作意愿强烈，但是落地项目不多的局面。因此多数学者的研究主要从广西壮族自治区发展飞地经济的条件、困境等方面开展。2019 年开始，广西壮族自治区开始寻求发展飞地经济新的出路，印发《全面对接粤港澳大湾区实施方案》通知，指出要进一步推进飞地经济园区建设，支持大湾区城市在广西建设发展飞地经济，支持粤桂合作特别试验区、北海—澳门葡语系国家产业园等。贺州则积极融入粤港澳大湾区，打造双飞地经济产业新高地。广西壮族自治区飞地园区运行模式如图 3–5 所示。从这些案例中我们可以看到，飞地经济的实践开始有了新的变化，从过去城市到城市的对接，到现在的城市到区域带的合作，以及经济带之间的合作，这也是本书之前论述过的飞地经济的新特征和发展新动向。

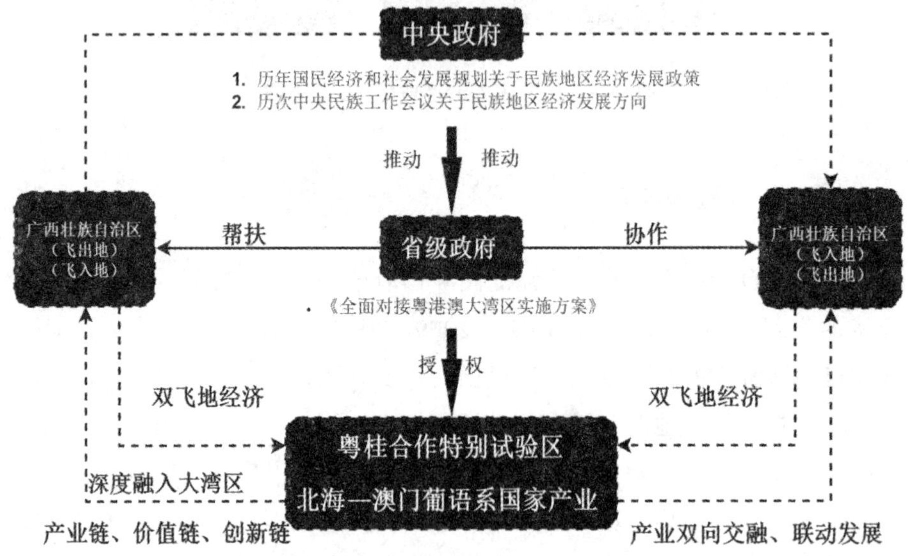

图 3–5　广西壮族自治区飞地园区运行模式

六、贵州省（享受民族地区待遇）

贵州省是我国多民族省份地区，在西南地区属于发展较为落后的地区，飞地经济的实践起步较晚，文叶飞（2013、2014）以新闻通稿的形式指出贵州大龙石阡产业园作为贵州第一个飞地经济的实践，具有重要意义。马海霞、朱文挥（2019）提出贵州发展飞地经济面临着帮扶城市政府对共建产业园区的积极性和主动性不高、飞地经济建设管理体制机制和功能亟待健全完善、园区融资平台和企业融资存在困难等问题，并引出七点完善建议。熊美勇、龙光标、阳艳珠（2010、2011）提出黔东南州和黎平县发展可以利用飞地经济的模式，通过 SWOT 模型指出当地发展飞地经济的可行性及飞地城镇化管理路径。赵栋强（2015）在介绍国内较为成功的“飞地工业园”实践的基础上，分析了贵州省工业园区建设过程中存在问题，并且认为贵州省应该通过大力发展“飞地工业园”这一工业园区建设模式来解决这些问题。

飞地经济在贵州省的起步相对较晚，研究对象具有一定局限性，比较典型的实践研究对象是大龙石阡产业园。时任石阡县委书记黄万清（2013）提出要立足资源优势，厘清发展思路，准确战略定位，促进区域发展。提出石阡产业园不仅要积极承接东部地区产业转移，让需要的企业“飞进来”，还要大手笔打通石阡至大龙的快速通道，尽快使石阡工业园区和石阡产业园连接起来，使之成为工业强县的主战场、招商引资的主平台、产业集群的主阵地。林俊锡（2017）通过介绍开发区的飞地经济模式，以飞地经济作为贵州发展经济的路径，提出让石阡县走出了一条借船出海、优势互补、合作共赢的工业经济快速发展新路子，摆脱了工业“短腿”的困境，给大龙经济开发区发展注入了新的活力。

大龙石阡产业园作为贵州省具有代表性的飞地经济案例，具有一定的研究价值。2012 年石阡县人民政府与大龙经济开发区本着“互利互惠、优势互补、联合发展、共同繁荣”的目的，签订了工业发展战略合作框架协议，在大龙经济开发区规划 10 平方千米的土地，建设大龙经济开发区石阡产业园。大龙开发区石阡产业园开启了贵州先行、先示范园区的探索与发展。经过 5 年的发展实践，大龙石阡产业园根据自身的特殊性，探索出一条基本符合贵州省工业飞地园区的路径。基础建设方面，园区外的“七通一平”由大龙开发区修建，园区内其他基础设施由石阡产业园负责，大龙开发区配合协调。园区以外的建设交由大龙开发区负责，在一定程度上减轻了石阡产业园的经济压力；在管理体制方面，石阡产业园主要负责人与大龙开发区党工委班子交叉任职，大龙开发区组建“石阡产业园建设指挥部”，实现双重管理；在招商引资方面，大龙开发区和石阡产业园共同招商，根据产业类别和双方规划决定项目的落户区域；

在工业园区用地方面，飞地园区用地由大龙开发区国土资源分局直报直供，报批费用由石阡产业园负责，征拆工作由大龙镇负责，搬迁户统一在大龙开发区集中安置；在项目管理方面，石阡产业园所有项目的立项、备案、审批、监管工作由大龙开发区负责，石阡产业园申报新建、技改和扶持项目，已经列入全省 100 工业园区成长工程名录的，要添加注明，按相关要求程序报送；在利益分配方面，入园企业除了耕地占用税由大龙收取外，其余税、费由石阡负责征管，石阡国税收入县级所得部分的 10% 作为管理费支付给大龙开发区。大龙石阡产业园运行模式如图 3-6 所示。

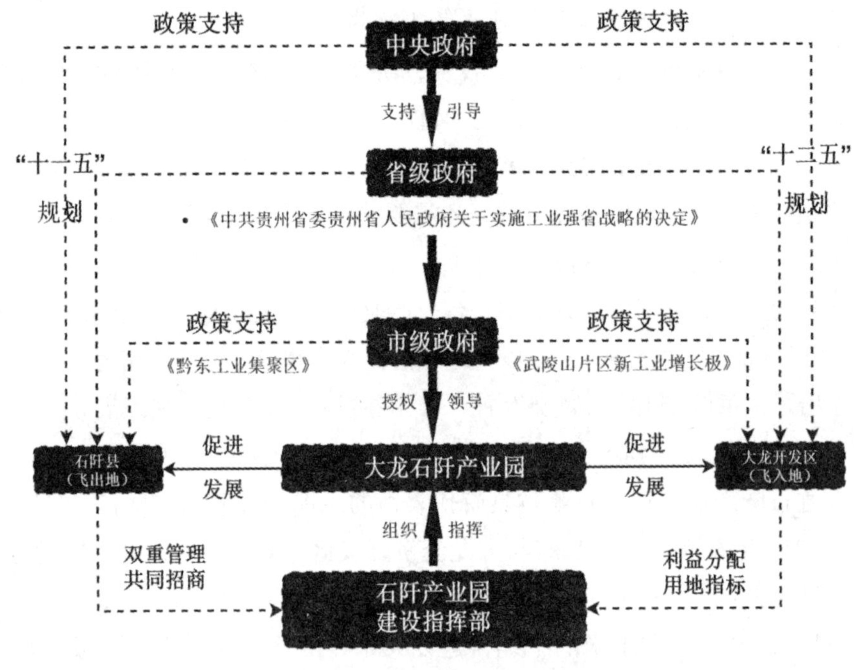

图 3-6　大龙石阡产业园运作模式图

七、青海省（享受民族地区待遇）

青海省位于我国西北地区，受区位因素影响，经济发展相对缓慢，而飞地经济的研究也相对较少，研究内容也相对匮乏，从相关文献来看诸多观点也比较类似。刘小平（2006）、袁卫民（2007、2008）通过分析飞地经济在青海的重要性及必要性，指出青海省可以建设高原生物产业飞地、建设资源开发飞地及建设加工工业飞地，并提出有利于发展的政策建议。李桂娥（2011）指出，青海省发展飞地经济的特殊性包括生态保护与经济发展的协调性、区域经济发展模式的跨越性及政府作用的主导性，要以此作为青海省发展飞地经济参考内容，并从制度、模式等方面提出可行性对策。

青海省飞地经济的研究探索处在初级阶段，较为成功的案例较少。典型案例：一是藏青工业园具有代表性，具体内容可以参见西藏飞地经济的实践。二是中国（德令哈）—尼泊尔产业园，通过与尼泊尔进行合作共建园区，实现宗教文化相关产业的发展。产业园 1500 平方米佛像生产车间、400 平方米藏毯生产车间、400 平方米唐卡生产车间、500 平方米金银铜器生产车间，是跨国合作的飞地经济实践。同时，园中有一处浙江工业园创业孵化基地，属于园中园模式，通过承接浙江的相关产业，实现德令哈市的经济发展。青海省飞地园区其运行模式如图 3–7 所示。

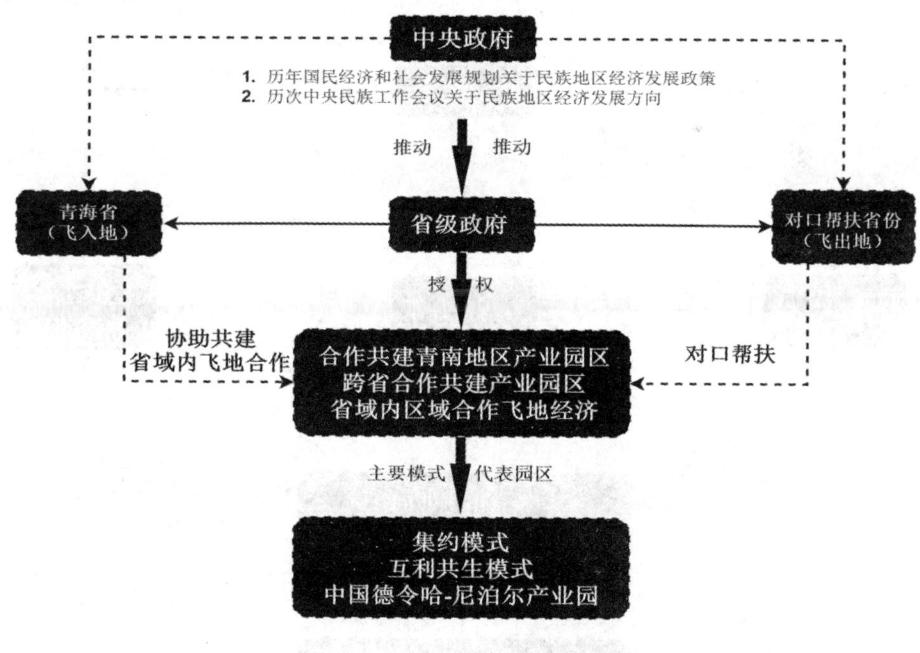

图 3–7 青海省飞地园区运行模式

八、云南省（享受民族地区待遇）

云南省的飞地经济发展相对较特殊，由于其丰富的旅游资源，该省份的实践比较多，以飞地经济模式与旅游的结合形式呈现。在研究及查找文献中，对于云南省飞地经济的学术研究较少，成文的学术成果也不多，当然并不代表云南省飞地经济实践的缺失。2018 年丽江市人民政府出台了关于推动园区飞地经济发展的实施意见，分别从园区规划、重点项目、土地审批、收益分配等事项进行了规定，指导当地有序发展飞地经济。

典型案例：一是云南省祥云县的飞地经济，它属于典型的"借鸡生蛋"模式，通过将不具备发展工业且无用地的地区项目，引入祥云财富工业园区，实现工业产业布局集群，有关利益分配及招商项目的事项也都进行了规定，较好地利用了飞地经济这一模式。二是龙泉山工业园区，由玉溪高新区与江川区合作完成，选址在江川区，所有园区开发由高新区完成，两地通过签订合作框架协议，将利益分配、征地工作、管理体制等系列问题进行规定，同时成立高新区龙源开发建设有限公司，负责园区运行龙泉山工业园区运行模式如图 3-8 所示。

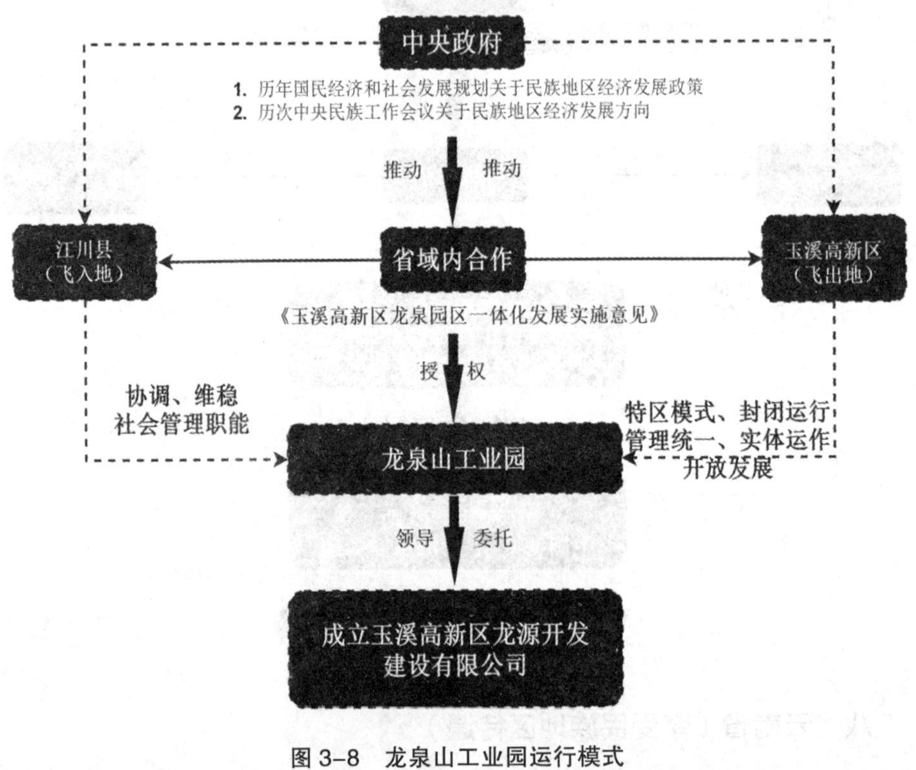

图 3-8　龙泉山工业园运行模式

九、四川省

2008 年，为支援“5·12”地震灾区工业异地重建和民族地区经济社会发展，根据国务院灾后恢复重建的要求，在省委、省政府的指导下，成都市和阿坝州合作共建了“成都阿坝工业集中发展区”，成为全国第一个藏区与内地共建的嵌入式工业“飞地”，为民族地区发展飞地经济努力探索创造出可借鉴、可复制、可推广的飞地园区发展新模式。为贯彻落实习近平总书记在中央民族工作会议上提出的“加强民族团结要创新载体和方式，要推动建立相互嵌入式的社会结构和社区环境”精神，四川省充分汲取成都—阿坝州工业园的成功经验，相继在眉山、成都、德阳规划建设了成都—阿坝州工业园、甘孜—眉山工业园区、德阳—阿坝州产业园区、成都—甘孜工业园区。目前全省共有 4 个藏区飞地产业园区，规划面积达到 78.5 平方千米累计建成区面积 23.5 平方千米。

（一）成都—阿坝州工业园

成都—阿坝工业园区是成都市与阿坝州合作打造的全国唯一的地震灾后异地重建产业园区，作为合作共建的民族飞地工业园区，肩负着支持阿坝州藏区产业重建、支持民族地区经济社会发展、促进藏区和谐稳定的重要使命。园区位于成都金堂县淮口、白果、高板镇交界处，规划面积 10 平方千米，2009 年 6 月启动建设，2010 年 7 月经省政府批准设立为省级开发区，重点发展节能环保主导产业，着力培育节能环保装备制造和节能环保产品生产、资源再生利用、新能源汽车、电子产业集群等优势产业。成都—阿坝州工业园区自建园以来，园区按照“合作共建、互利双赢”和“优势互补、资源共享”的合作宗旨，以帮助民族地区发展、全力扶贫帮困奔小康为己任，动真情、用真心、出真招，立足于产业发展，多渠道筹措资金，强力推进园区基础设施及配套项目建设。园区路网、水、电、气等要素保障齐备，学校、市场等生活配套逐渐完善，10 平方千米承载能力全面形成，产业形态初具规模，各项工作取得了重要阶段性成效。2016 年，园区新增规模以上工业企业 17 户，共计 68 户，累计上报工业总产值 51.07 亿元，同比增长 38.43％。完成工业投资 46.5 亿元，同比增长 54％；实现税收 1.03 亿元。截至 2020 年，新增规模以上工业企业 12 户、工业总产值 93.48 亿元、工业增加值 15.98 亿元、税收 3.2 亿元、协议投资 57.1 亿元、固定资产投资 35.06 亿元。帮助企业解决劳动用工约 5450

人（其中当地劳动就业3500余人）。预计入园项目全面建成达产后用工需求约1.5万人（含标准化厂房项目的用工）。成都—阿坝州工业园运行模式如图3-9所示。

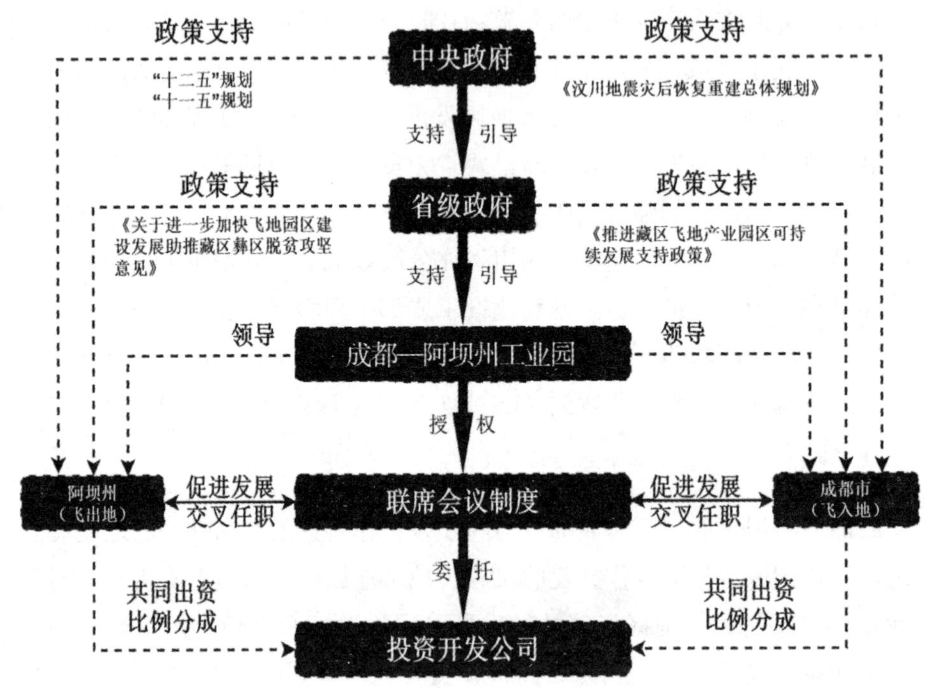

图3-9　成都—阿坝州工业园运行模式

（二）甘孜—眉山工业园区

甘孜—眉山工业园区成立于2012年，是甘孜州、眉山市为落实省委、省政府"推进省内区域合作发展，支持发展飞地园区"精神，本着"优势互补、互利共赢、共同发展"原则在眉山铝硅产业园区基础上共同出资打造的藏区飞地工业园区，园区以新能源、金属新材料作为主导产业，配套发展相关产业。园区位于眉山市东坡区修文镇，实行"两套牌子、一套人马"的运行模式。甘孜—眉山工业园区建成以来，高起点抓产业、高效率抓项目，以新能源、金属新材料为主，铝、硅两大产业已初具规模正在培育锂产业，产业规模持续扩大。依托启明星铝水资源，引进了总投资40亿元的阳光坚端铝业年产20万吨铝型材项目和福兴铝业项目；依托甘孜州锂矿资源，引进了总投资30亿元的四川能投鼎盛锂业年产5万吨电池级锂盐项目；在市政府主要领导引荐下，引进了总投资100亿元的中国建材集团凯盛科技年产1GW铜铟镓硒薄膜太阳能电池组件项目，截至2018年，已引进重点项目11个，协议引资达2094亿元，完成招商引资到位资金39亿元，已建成投产4个，培育规模以上企业3户，完成固定资产投资46.62亿元，项目全部建成达产后预计年实现产值230亿元、年税收10亿元以上。2015年，园区实现产值101亿元、税收1.1亿元；2016年，园区实现产值123亿元、税收1.3亿元；2017年，园区有规模以上企业34户，1—9月已实现产值112亿元，同比增长23.58，预计全年将实现产值151亿元以上，完成税收2亿元，解决就业1.1万余人。预计到2025年，园区将实现产值1000亿元。甘孜—眉山工业园区运行模式如图3-10所示。

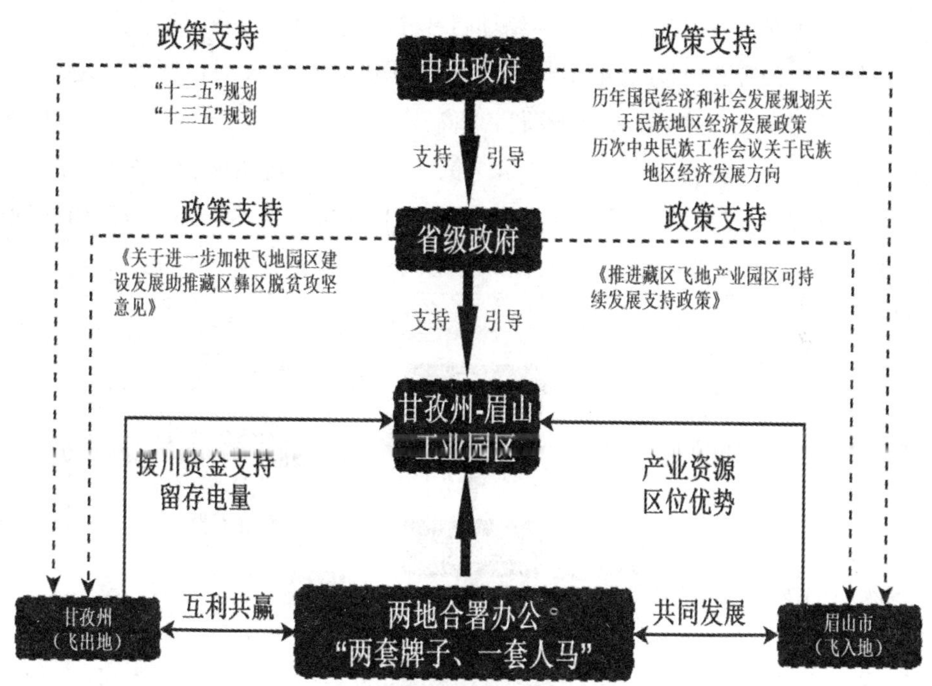

图3-10 甘孜—眉山工业园区运行模式

（三）德阳—阿坝州产业园区

德阳—阿坝生态经济产业园区由德阳、阿坝两市（州）党委政府为全面贯彻中央第六次对口支援西藏工作会议和省藏区工作会议精神，于2014年1月签署合作协议，2015年5月正式批准设立。2015年9月，四川、浙江两省人民政府签署《川浙合作框架协议》，将德阳—阿坝州产业园区列为“川浙对口合作示范园”。园区位于德阳与阿坝州交界处的绵竹市，地处成渝经济圈、成德绵经济区腹地，距成都60千米。园区规划面积20平方千米，首期启动建设10平方千米，目前建成区约7平方千米，预留的有条件工业用地约8平方千米。现有干部职工23人，其中，少数民族6人（藏族2人、羌族4人）。园区重点发展新材料、新能源等战略性新兴产业辅助发展现代服务业、民族药物开发和生产、轻工、农林业等产业，培育发展节能环保相关产业。截至2018年，园区招商引资企业7家，其中落地4家，在谈3家，新开工建设项目2个，分别是致远锂业产2万吨氯化锂、1万吨电池级单水氢氧化锂及1万吨电池级碳酸锂项目，项目建成后预计可新增就业1000人，预计年产值30亿元以上；光大国际生物质能发电项目。新签约项目3个，分别是：思特瑞锂业，一期投资1.2亿元建设年产1万吨电池级氢氧化锂项目已经进入项目环评编制阶段；优源新能源年产1万吨磷酸铁锂项目工商注册已经完成。2021年，园区规模以上企业11户，实现工业总产值14.7亿元，较去年同期增长153.54%；实现工业增加值5.17亿元，较去年同期增长171.41%；完成全社会固定资产投资3.18亿元，较去年同期增长31.4%。德阳—阿坝州产业园区运行模式如图3–11所示。

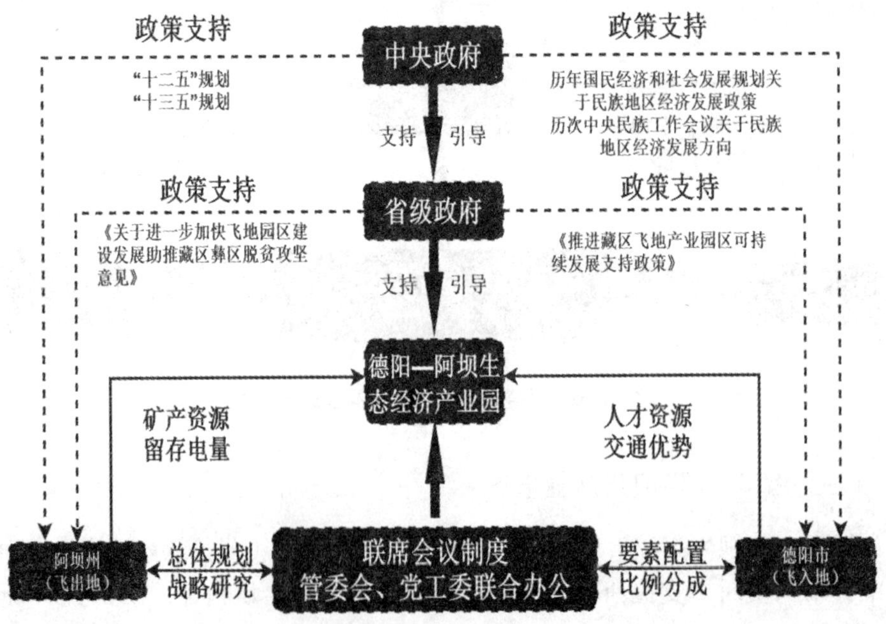

图3–11　德阳—阿坝州生产业园区运行模式

（四）成都—甘孜工业园区

建设成都—甘孜工业园区，是成都市和甘孜藏族自治州深入贯彻中央扶贫开发和藏区发展战略部署，全面深化“区域合作、精准扶贫”的重大举措。2015 年 12 月 18 日，成都市和甘孜州签订《共建成甘工业园区合作协议》，园区选址位于邛崃东部规划面积 10 平方千米。重点发展新材料、新能源和精密机械及智能制造产业，辅助发展生物医药、电子信息和轻工产业，培育发展节能环保、汽车产业，逐步构建一个主业突出、相关产业全面发展的“1+N”现代产业体系，并积极承接广东省对口帮扶甘孜藏族自治州的产业转移。为加快推动园区加快发展，成都市将成都—甘孜工业园区所在区域列入全市“南拓”的区域，并把园区所在的羊安片区作为城市“双中心”中的一核，全面提升园区重要地位。园区建设全面启动，前期引入项目 4 个，总投资金额超过 200 亿元。园区预计到 2021 年将成甘工业园区打造为面积达 10 平方公里的三百亿级产业园区，努力打造民族地区“飞地园区”新样板。成都—甘孜工业园区运行模式如图 3–12 所示。

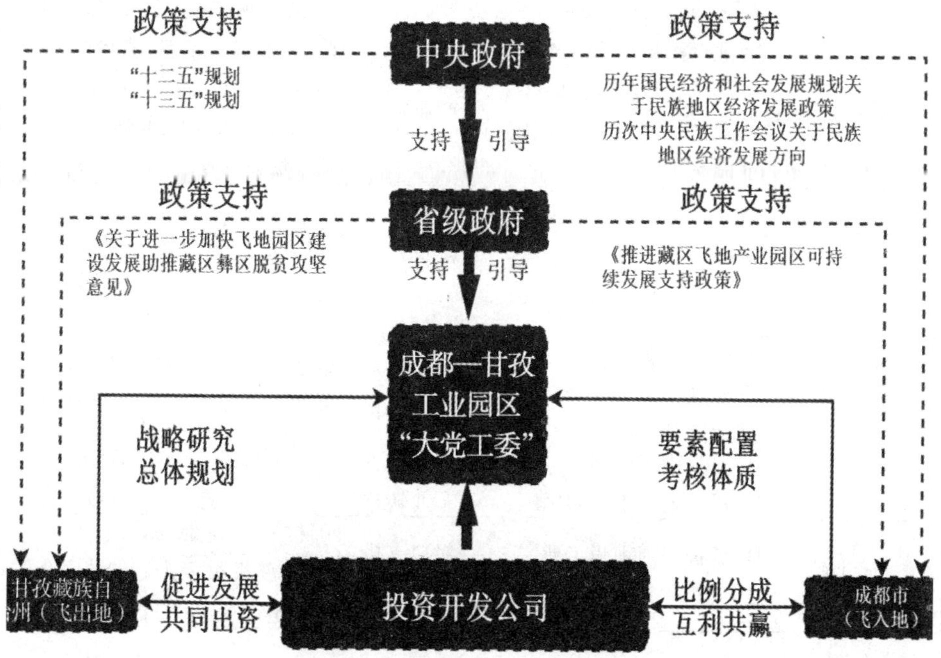

图 3–12　成都—甘孜工业园区运行模式

我国主要民族地区飞地经济实践情况汇总见表 3-1。

表 3-1　我国主要民族地区飞地经济实践情况汇总

省区	代表园区	主要模式	主导产业	空间跨度
西藏自治区	藏青工业园	优势互补	矿产深加工为主	跨省合作
新疆维吾尔自治区	1. 领科物联网产业园； 2. 伽师县兴业中小企业孵化基地	对口支援 优势互补	食品加工 五金加工	跨省支援合作、省域内合作
宁夏回族自治区	石嘴山市陆港经济区	对口支援 优势互补	冷链蔬菜产业	跨省支援合作、省域内合作
内蒙古自治区	1. 内蒙古临港产业园区； 2. 蒙苏经济开发区	优势互补 产业转移	高端装备制、电子信息、新能源、新材料、生物制药、节能环保、智能控制	跨省合作、省域内合作
广西壮族自治区	1. 云南临海产业园； 2. 北部湾川桂临海产业园； 3. 粤桂合作特别试验区； 4. 北海—澳门葡语系国家产业园	优势互补 产业转移	石化、钢铁、铝精深加工、粮油加工、木材加工及造纸、生物医药、糖业食品	跨省合作、省域内合作、城市与经济带 / 经济圈合作
贵州省	大龙石阡产业园	优势互补	装备制造、新能源、新材料、服装纺织	跨省合作、省域内合作
青海省	1. 藏青工业园 2. 中国（德令哈）—尼泊尔产业园	优势互补 产业转移	宗教产业，以矿产深加工为主	跨省合作、跨国合作
云南省	1. 龙泉山工业园； 2. 祥云财富工业园区	优势互补 产业转移	新能源、 电子信息	跨省合作、省域内合作
四川省	1. 成都—阿坝州工业园； 2. 成都—甘孜州工业园	对口支援 优势互补	新材料、新能源和精密机械及智能制造产业	省域内合作

从飞地经济的实践时间来看，我国民族八省份起步时间都比较晚，多数民族地区从 2010 年以后才开始引入这一模式，这与我国发达地区相比晚了至少

10 年，因此从实践的效果、机制的完善、管理体制的运用都相对滞后。

从合作的范围来看，除了少数民族地区实现了跨国的飞地合作，多数民族地区还是以跨市县为主，部分民族地区有跨省之间的合作，说明民族地区的合作双方多以省域之间的为主。

从园区合作的运行机制来看，我国民族地区飞地经济园区的运作多以政府主导，市场化运营相对较少，说明民族地区飞地经济的实现还没有充分发挥市场的作用，行政帮扶和行政命令式的合作占多数，这种方式不利于各个区域之间资源要素的有效流动，由此看出我国民族地区飞地经济的实践处在初级阶段。

从“飞行”方向来看，既有正向飞地经济（发达地区向落后地区飞），也有反向飞地经济（相对落后地区飞到较发达地区），但是多数为正向飞地经济，说明我国民族地区经济发展大多依靠外来输入，通过获得更多的先进技术与管理，自身则提供廉价的劳动力和资源，这样的方式更多是被动地接受，缺少有效的主动合作与协调。

从政府的重视程度来看，我国部分民族地区出台了适合自身发展的有关飞地经济的规定，如云南“丽江市人民政府关于推动园区飞地经济发展的实施意见”、内蒙古赤峰市发布“赤峰市人民政府办公厅关于进一步深化‘飞地经济’政策的实施意见”等，部分民族地区从顶层设计上重视飞地经济的运用性，部分地区政府重视有待进一步加强。

从飞地经济选择的产业来看，多以飞地工业园的形式实现，部分民族地区则利用飞地农业的集约化生产方式，飞地与科研、孵化模式结合较少，且飞地工业园区的企业多以劳动密集型产业和低技术性产业，高科技项目较少，处在加工生产的低端化区域，研发飞地、总部经济等新模式没有运用。

从各省份内部来看，实践的效果各不一样，差距也较大，广西壮族自治区与内蒙古自治区的飞地经济实践较好，在经济发展的总量上也大大超过新疆、西藏地区，虽然云南省在这一模式的实践不多，但是凭借其独特的旅游资源优势，形成了以旅游为中心的产业发展。贵州省、青海、宁夏回族自治区发展相对滞后，缺乏具有支撑的产业和增长极。

第三节　我国民族地区飞地经济存在的问题分析

综上所述，飞地经济在我国民族地区的具有一定可行性，对于我国民族地区的经济发展起到了重要推动作用。虽然如此，从全国飞地经济模式运行实践来看，目前为止无论是发达地区还是民族地区，在利用飞地经济模式时还没有完全达到预期效果。例如，比较发达地区的深汕特别合作区和江阴—靖江工业园为例，两者都是飞地经济模式的早期实践者，但是汕尾并没有变成“小深圳”，江阴—靖江工业园则是依然沿用过去的运行机制，成为园区发展的掣肘。

一、发达地区飞地经济没有达到预期效果的问题主要表现

（一）某些失去比较优势的产业没有适时飞出

随着东部发达地区的生产成本逐步增加，环境承载力已经接近极限，从产品生命循环角度、生产周期理论、产业转移理论等视角的研究推测，这些失去比较优势的劳动密集型产业、科技含量较低的产业会自发地寻找相对合适的中西部地区继续发展，飞出地与飞入地的合作是产业发展的必然要求。然而，实际效果却远低于预期，从某些劳动密集型产业收入来看，东部发达地区的这一数字不减反增，即使在政府推动的政策下，这一效果仍然不明显，多数产业仍然“附着”与当地。

（二）部分飞出地产业出现逆向转移现象

在发达地区不具有比较优势的产业，本应该转移到中西部地区发展，但是经过几年的发展以后，部分企业又转移到发达地区了，飞地经济园区项目的快速“上马”再到项目停滞，最后又再次回到东部地区，逆向转移的现象主要表现在轻纺织业、轻工业等，这种逆向效应正是飞地经济合作协调失衡的表现形式。

从民族地区的实践来看，本应借助飞地经济模式实现后发赶超的贵州大龙

石阡产业园、成都—阿坝州工业园，依然没有实现预期的效果，完全托管式的运行机制让阿坝州的发展缺乏自主创新能力，两地都并未完全实现“造血式”的发展。

二、民族地区飞地经济没有达到预期效果的问题主要表现

（一）顶层设计还不完善

2017 年 5 月国家发展改革委等八部委联合发布了《关于支持“飞地经济”发展的指导意见》，为各个地区发展飞地经济提供了良好的借鉴作用，民族地区的发展虽然起步较晚，但是在早期也受到了各个地区的帮扶和支持，在一定程度上形成了具有飞地经济特点的产业园区，虽然一些民族地区也制定了关于支持当地发展飞地经济的相关政策，如 2012 年宁夏回族自治区人民政府关于印发《宁夏回族自治区“飞地工业园”发展优惠政策》的通知、2018 年《拉萨市关于“飞地”发展政策实施意见》等，但是多数民族地区仍然缺失相关的政策意见，如贵州飞地经济的发展就没有明确的指导性文件。其他民族地区虽然有一些规定，但是比较笼统，缺少具体规定，且执行力较低，对于利益的分配问题更不明确，导致合作的动力不足，多数飞地经济实践流于形式。

（二）资金短缺，基础设施不完善，招商引资困难

两地合作的共同目标是获得更多的收益，较为发达地区将先进的技术与管理输出到民族地区，而当地则提供劳动力和土地资源，民族地区在承接了产业的同时获得了一定的经济收益，但是民族地区飞地经济承接的产业多数为劳动密集型，缺乏科技含量，经济收益较低，这些收益不足以支撑园区的发展、基础设施的扩建和维持。而基础设施没有保障将会导致更少的企业落户到当地，从而形成非良性的循环，招商引资的工作将会更加困难。经实地调研发现，贵州大龙石阡产业园仅靠石阡政府的支持力度不足以将园区发展壮大，大龙石阡产业园设施落后，且多数基础服务无法满足先进企业的要求，与浙江金华金磐开发区等发达地区园区相对比，基础服务差距明显。

（三）管理体制不顺

飞地经济涉及两地的合作，管理机制建立尤为重要，2017 年 5 月国家发

展改革委等八部委联合发布的《关于支持“飞地经济”发展的指导意见》指出：“支持合作方建立常态化的议事协调机制、支持合作方共同建立园区管理委员会。”在多数的实践中，园区的管理主导方为政府，管委会为主要执行机构，两地成立最高决策机构或者联席合作机构，这些机构的设立一定程度上起到了协商管理的作用，但是实践调研中发现，更多的合作机构被“束之高阁”，以成都—阿坝州工业园区的联席会议为例，作为最高议事机构，已经逐渐演变成为摆设，仅仅在成立工业园区的当天执行过联席会议制度，多年来基本没有开展联席会议制度。

（四）人才缺乏和流失

人力资本作为当前经济发展的重要资源，现已经成为各个地区争先追逐的目标，民族地区在人力资源储备上相对较少，缺乏高科技人才，也没有较好的培训机构和平台。虽然飞地经济通过引进先进的管理与技术，可以通过“干中学”的方式提高当地的人力水平，也一定程度上起到了促进作用。但是因多种因素使人才培养的效果不理想，缺乏统一、完整、系统的方式，而经过培训后的人员又离开当地转到发达地区，进一步加剧了民族地区的人才流失。另外，园区的日常管理需要较多的人力资源，仅靠发达地区带来的人员远远不够，从社会招聘的人员，大多数文化不高，缺乏技术水平和管理水平，性质也属于临时聘用制，因此园区的人才没有保障，这是亟须解决的问题。

（五）飞地经济合作效果不够理想

飞地经济在我国经过了近 30 年的实践，已经从最初产业转移特征的建园区、承接项目的正向飞地方式，转变为现在科研飞地、总部经济的反向飞地方式。但是我国民族地区的飞地经济实践多数还处在初级阶段，部分民族地区通过承接发达地区的产业落户当地，而这些产业多为“三高”项目，对于民族地区的生态具有破坏作用。虽然部分民族地区作为飞出地，将自身的政策优势、资源优势与较为发达地区结合，形成了一定的产业规模，也避免了当地环境的污染，但是这样的模式在经济发展可持续上较差，仍然依托民族地区的自然资源为主，缺乏科技产业的支持，经过数年之后将会失去竞争力。

三、影响我国民族地区飞地经济高效运行的因素分析

飞地经济主要以合作、跨区域的方式实现，通常跨界合作可以分为以下三种：①伙伴关系模式（partnership）强调通过多方利益主体协作解决合作过程中遇到的问题；②行政合作模式（state-institution）则更加强调行政的力量与手段，通过自上而下的方式推动合作的形成；③碎片化合作模式（fragmentation）则是以正式或者非正式的方式进行合作，如对话、非正式会议等方式。飞地经济作为区域协调发展模式和跨界合作方式的一种，根据它的性质分析得出，飞地经济的影响因素有两方面，即客观的市场影响因素和主观的行政力影响因素。

一方面，飞地经济本身强调两地政府之间的配合与协作，如果能科学处理好两者之间的关系，实践中飞地经济的效果将会得到更大发挥。通常认为政府是制定公共政策和执行的主体，它贯穿在跨界合作的初始与过程中，甚至起到关键和主要作用，是双方利益的代表者。飞地经济在实现的条件中，两地政府的意识观念是否统一决定了合作的效果。因此，部分民族地区飞地经济失败或者效果不佳的原因之一，是合作双方的主观意识没有统一，主要表现为以下几点。

（一）飞出地政府的阻碍行为，削弱了产业自发选择飞出的力度

从飞出地政府区域内的 GDP、税收甚至政绩考虑，发达地区对于产业的转移一直保持着观望、谨慎、怀疑的态度。首先，担心大量的产业飞出将会造成本地 GDP 的大幅下降；其次，在当前税收体制的背景下，产业转移使得税收将会减少；最后，企业外迁飞出，造成本地劳动力的就业减少，就业机会的减少又可能导致较为严重的后果。在诸多顾虑之下，飞出地政府会采取保守的策略，要么通过政策改变，试图留下失去比较优势的产业；要么采取省域内的飞地经济合作方式，以避免资源等流失的地方保护主义。比较典型案例是广东省域内大量的飞地合作，这样的结果是民族地区很难接收到发达地区的产业，也是造成两地合作缓慢的重要原因。

（二）飞入地之间的过度竞争，扭曲市场自主选择机制

民族地区为了能够获得发达地区的产业转移和合作机会，往往会形成飞入地之间的不良竞争，加上迫于 GDP、税收、就业因素的压力，这样的局面表

现得更加明显。飞入地之间纷纷出台各种吸引产业的政策，通过减免、优惠、投资奖励、补贴等方式，想尽一切方式促成合作，这种不考虑产业匹配和产业链协作的盲目“饥不择食”，不仅导致资源的浪费和政策的实践效果不佳，还会加剧自身的负担，如果合作无法达到长期、预期的效果，最终留下来的只能是失败的结果。飞入地之间的盲目竞争和考虑不周全，是造成飞地经济合作协调度失衡的又一原因。

另外，飞地经济是跨界经济合作方式，客观的市场驱动力强调在合作的初始与过程中，各个地区和城市可以根据双方的经济竞争力、产业竞争力、资源禀赋能力、产业链的完整性、科技创新的能力等因素上开展合作，从而降低和避免因为权力的干预导致的经济负外部性，减轻飞地经济在合作过程中的财政问题，即合作的双方要注重客观因素的影响，如双方产业结构是否匹配、资源是否互补、发展阶段是否能够衔接、承载力与产业承接能力是否匹配等，强调合作的客观性、实现可能性。因此，部分民族地区飞地经济失败或者效果不佳的另一个原因在于前期没有评估好双方的合作客观基础。

（三）无效市场信号下的非理性选择

在正常的市场信号下，企业做出的选择具有理性，是符合客观规律的正确行为，但是由于上述因素导致了市场信号的扭曲，飞入地之间的“政策倾销”使得很多企业做出理性选择之后，将会陷入群体的非理性选择。这一结果的表现就是企业无法正确地做出最优的配置行为，追求短期利益和机会主义成为主导。部分企业会利用飞入地之间无序的政策优惠，表面上打着飞地经济合作共赢的旗号，实际上利用圈地、骗取优惠资金，在园区开始的一段时间内，消耗完所有的有利政策资源后，再次飞入带其他中西部地区，反复追求短期的利益。这样的行为不仅没有将飞地经济的实质意义发挥出来，还会造成更严重的资源浪费。

（四）部分民族地区选择的合作产业并未完全体现优势互补

飞地经济合作的基础是产业互补、优势互补，双方都选择符合自身优势的产业进行对接和发展。但是多数飞入地（欠发达地区、民族地区）并没有根据自身的比较优势进行产业的选择，而是抱着“只要是产业就引进”的错误理念，其中包括科技含量低、环境破坏大、“三高”产业等，有些地区甚至盲目引入大量劳动密集型产业项目，全然不顾产业匹配、环境约束、自身承接能力等因素，最终导致大量合作项目运行一段时间后就中断了，这也是许多飞地经济园区失败的原因之一。据统计，2017 年我国大概拥有接近 400 个飞地经济园区，但是多数园区运行没有实现预期效果。

本章小结

分析我国民族地区飞地经济的现状，论述了我国民族地区选择飞地经济模式的必要性和重要性，以 5 个民族自治地区、3 个多民族省份及四川省的实践情况为分析对象，证明了飞地经济模式不仅在我国民族地区实践中的可行性，还是我国民族地区经济发展的重要抓手、经济后发赶超重要方式。然而实践过程中依然存在着体制机制不完善、管理水平不高等问题，本章对我国民族地区飞地经济存在问题及原因进行逐项分析，对下一步我国民族地区飞地经济的发展有一定的借鉴作用。

第四章　我国飞地经济的产生机理和运行模式及机制分析

第一节　我国飞地经济的产生机理分析

空间重构与尺度重组是地理学的相关理论，“飞地”一词本属于地理学范畴，所以飞地经济本身也可以被空间重构及尺度重组理论所解释。所谓空间重构，是指对国家、区域、城市空间的再次构造，从而形成新的空间区域。尺度重组则是一个去领域化和再领域化不断交织的过程。我国飞地经济的产生具有很强空间重构及尺度重组的属性，主要体现在城市、区域和国家三个维度[①]。

首先，从城市尺度的角度分析，2005 年以前我国处在城市企业主义的空间政策下，沿海城市更是先一步融于世界经济体系，资本的迅速积累推动了当地的发展及中心城市的迅速崛起。然而，随之带来的是城市之间的过度竞争、环境的破坏及不均衡发展程度的加深。为了解决恶性竞争、缩小城市之间发展差距及空间地再修复，沿海发达城市开始寻找合适的应对方式来减轻环境承载力和修复受损的空间，试图让资源更加自由、有序的流动。而对于没有获得资源投入的非中心城市，则面临着有发展空间却没有发展契机及投资的问题，这些城市渴望获得更多的发展机会、先进技术及优秀人才，从而追上沿海发达地区。正是两种城市截然不同的发展情况，为它们彼此之间创造了互补的需求和时机，飞地经济模式就是在这个时候被尝试使用，而最早的实践也是从沿海地区的城市兴起。

其次，从区域尺度的角度分析，正是因为城市之间的发展不均衡问题，带来了省、区域内的不平衡发展，如当时的粤东西北与中心城市广州、深圳之间的差距较大。同时，省内的发展不平衡加剧了大区域竞争力逐步下降，使得国家整体经济的发展受到影响。因此各个省、区、市之间开始制定新的发展规划及空间布局，由此缩小差距及不均衡，区域之间的空间规划开始形成。

最后，从国家尺度分析，国际之间的竞争越来与激烈，以超级城市群、经济带等为主的竞争主体成为主流，加上全球经济一体化的推动，使得我国不得不考虑打造世界级的城市发展群和各个经济带，从而增强国际竞争力。此外，如果国

① 李鲁奇、马学广、鹿宇．飞地经济的空间生产与治理结构——基于国家空间重构视角［J］．地理科学进展，2019（3）:346-356.

内各区域之间发展不均衡的程度继续加深，势必带来社会的不稳定。因此，从国家层面上需要找到一种合适的区域发展方式，从而解决国际国内产生的问题。

简明的说，我国飞地经济模式的内在生产属性如图 4-1 所示。

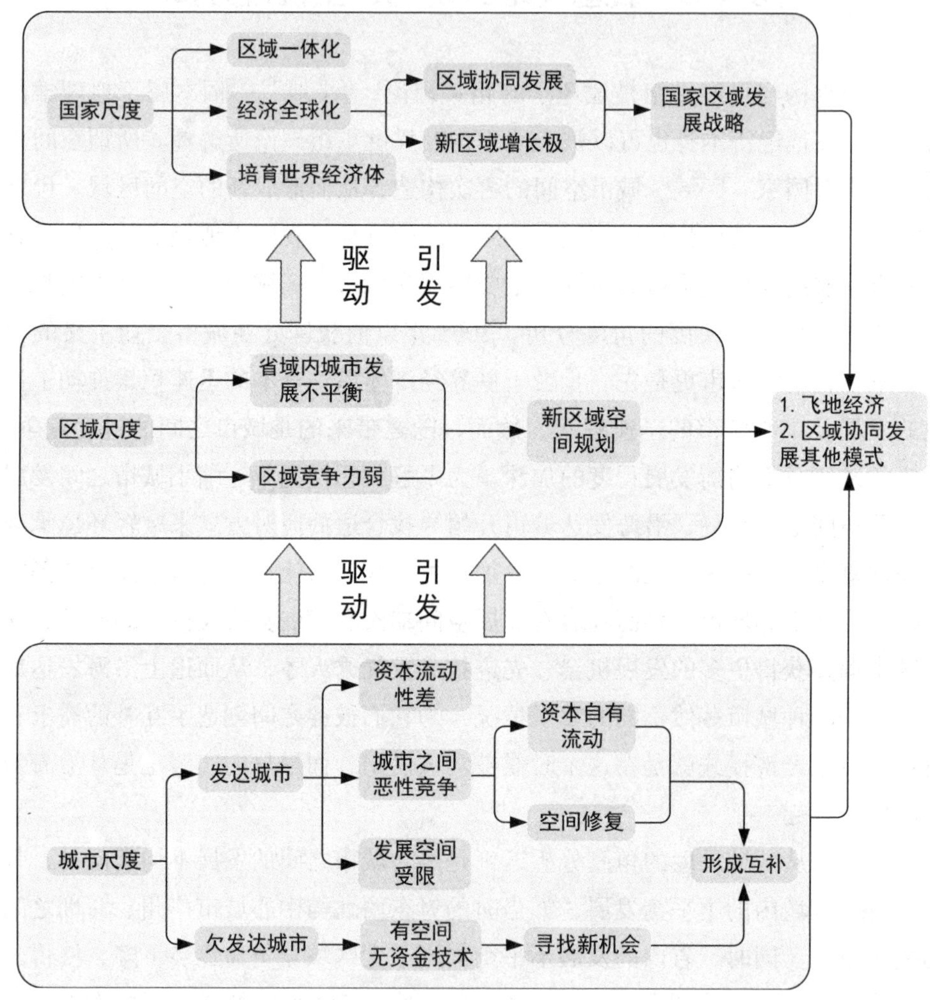

图 4-1　我国飞地经济模式的内在生产属性[①]

① 李鲁奇、马学广、鹿宇．飞地经济的空间生产与治理结构——基于国家空间重构视角［J］．地理科学进展，2019（3）:346-356.

第二节　我国飞地经济的运行模式分析

模式通常形容在科学领域、经济发展领域以及企业产业发展领域等，它是理论和实践之间的一座桥梁，具备普适性、结构性、稳定性和可复制性的特征。从当前研究的文献来看，学者从飞地经济模式各个方面都做了分析和归类，主要从五个方面进行分类。

第一，按照出资类型的划分，通常分为三类：飞出地投资模式，主要是指在双方共建园区之后，飞出地作为投资的主体，承担着更多的任务及工作；飞入地投资模式是与之相对的，由飞入地进行更多的投资和任务分配；两地共同投资模式是指没有一方作为主导投资，两者共同投资、共同运营的模式。

第二，按照管理主导权的模式分析，一般分为：①飞出地管理模式。这种模式主要由飞出地进行管理，一般飞出地作为有经验的一方，承担了更多的管理内容，这样在一定程度上带来了较好效益。②飞入地管理模式。这种模式考虑到当地文化环境和社会环境，许多飞入地采用了直接接管的方式，将主导权掌握在自己手中，借用飞出地的相关经验，结合自身的情况进行运营管理。③共同管理模式。这种模式将两地管理优势相结合，借用飞出地的管理经验和飞入地对于当地特有环境的了解，从而按照各司其职的方式实行管理。

第三，按照飞地经济的成因进行的模式划分包括：①集约用地型。通常，这种类型被认为是飞地经济的最早模式，为了缓解土地使用的压力，更好地集约利用现有土地资源，东部沿海地区将产业“腾笼换鸟”，将仅有的土地使用在产值更高的地方，而之前通过产业转移到中西部地区，主要典型代表为福州市永泰县建立马洋工业集中区。②互利共生型飞地经济模式。通常，两地没有明显的发展差距，但是各自拥有特殊的优势资源，为了实现互利共赢共同打造的飞地经济，主要典型代表为贵州大龙石阡产业园和大连市长海县与普兰店区的合作。③产业梯度转移模式。这种模式主要指拥有资金与技术的东部发达地区，通过将产业升级转型，从而实现产业的梯度替换，而替换的地区通常为中西部地区，与第一种模式相类似，但更强调一种对口帮扶的性质，典型案例为广东省鼓励珠江三角洲地区的政府和企业在粤北经济落后地区建设飞地，帮助飞入地发展经济。

第四，将飞地经济划分为“借鸡生蛋”、“筑巢引凤”、“净地托管”三种发展模式。①“借鸡生蛋”主要是指借其他地方的工业园区来发展自己的招商引资项目。②“筑巢引凤”主要是指在其他地方现有开发区中划出一片，固定用作专业园区，形成“园中园”；或者在其他地方园区之外的某个地方设立新的产业园区，但新的园区仍被视为现有开发区的延伸。③“净地托管”是指工业园规划不变、行政区划不变，拆迁安置由飞入地地方政府完成后，净地交给飞出地建设、管理、开发。目前，上述三种飞地经济发展模式在宜昌民族地区都有所表现，其合作级别既有县县级、县乡级，也有乡镇级。

第五，按照飞地经济的发展趋势总结，主要分为正向飞地经济与反向飞地经济模式。正向飞地经济模式指发达地区向不发达地区的“飞”，将技术、资金、管理、经验等先进的理念传递给落后地区，从而实现两地飞地模式发展；反向飞地经济模式指由相对落后地区往发达地区的“飞”，其特点是在发达地区设立总部经济、研发基地或者孵化园等，实现人才、技术等高科技因素在发达地区，而实现的经济、社会收益归于落后地区。

以上五个维度是多数学者认同的主要飞地经济模式，这些模式的划分与认定具有相应的依据和标准，为我国飞地经济模式的研究提供了不一样的视角。此外，还有一些类似的分析方法，如按照流向或者流向差分类，飞地经济包括发达地区向落后地区的分流、落后地区向发达地区的飞地经济分流；按照主导力量分类，可以分为国家主导、地方政府主导及企业主导模式；按照合作双方主体的身份进行划分，直接分为省域内的合作飞地经济模式、跨省之间飞地经济合作模式及跨国之间的合作飞地经济合作模式。

第三节　我国飞地经济的运行机制分析

构建飞地经济模式运行机制是实现良好发展的重要环节，也是促进区域合作、协调发展的重要组成部分，其运行机制完善程度更是直接影响飞地经济模式实践效果。笔者认为，飞地经济模式运行机制构建，需要基于两个理论：飞地经济模式的相关基础理论和区域经济协调发展的运行机制理论。

第一，飞地经济模式运行机制的构建需要基于相关基础理论。我国学者对于飞地经济模式理论渊源已有研究，主要归纳为共生理论、区域分工与要素流动理论以及区域经济非均衡发展理论。首先，将共生理论引入经济学领域是有其共通性的，区域经济系统与生态系统中的共生环境存在相似性。飞地经济涉及两个区域或者两个地区，它们共同构成了整个大共生体，其中每一个区域和区域之间、每一个经济要素都是共生系统的个体，它们之间相互依存、相互合作、相互服务、相互融合，在两地共同发展的基础上协调竞争，整个合作运行的机制与共生环境的表现基本一致。其次，区域分工与要素流动理论在飞地经济的表现形式也符合其特征，该理论主要包括比较优势理论和禀赋理论。飞地经济将两地的比较优势作为发展前提，通过不同地区的产业优势，找到合适的产业链发展，形成上下游之间的产业关联性，充分发挥了比较优势作用。同时，飞地经济模式注重两地不同资源禀赋，这些不同禀赋之间为实现飞地经济找到可能发展的契机。最后，飞地经济模式中一个显著的特点就是打造新的增长极，通过这样的方式带动我国民族地区经济发展，将扩散效益最大化的实现，恰好实现非均衡发展模式的理论研究。

第二，飞地经济模式运行机制的构建，需要基于区域经济协调发展的运行机制理论。从本质上看，飞地经济模式应与区域经济协调发展模式的运行机制保持一致，前者应包含在后者之中。通过对我国一些飞地经济园区的调研分析表明，在运行机制上通过内外部因素相互作用、相互融合、相互依赖、相互影响，逐步完善飞入地和飞出地经济要素的整合、共享、联动，可以很好地提高区域经济的协调度。笔者认为“飞地经济”模式运行机制应主要包括以下三个方面。

一、统筹规划机制

飞地经济涉及两地的共同开发与共同管理，双方协商沟通尤为重要，如何统筹与协调、规划发展路径是面临的重要选择与决策，行政上不隶属的区域实现合作，必须克服意见不统一、职能规定不清、权责边界不清晰等一系列的问题。飞地经济在地方实践中多以工业、总部或研发（孵化）园区为载体，可以将统筹规划机制分为协调机制与决策机制，其中涉及因素包括人员配置、管理主导权、基础设施建设、招商引资、最高决策等。我们可以进一步地将统筹规划机制再细分为以下两个机制。

（一）协调机制

“飞地经济实践中，只有协商好利益分配，相互调试好冲突与分歧，最后才能达到整体效用最优的目标。”[①]飞地经济在经历了政府“拉郎配”的合作后，越来越多的地区意识到市场主导的关键性，但如果一味地通过市场来做决定，将使得这一模式陷入其他困境中，只有将协调机制与市场主导融合，才能实现飞地经济更好的运行。

从管理角度来看，多数飞地园区成立管委会，其职能包括入驻企业的办理、企业咨询服务、协调各方问题等。

在人员配置方面，管委会的组成各地实践不一样，部分地区通过社会招考引入人才进行管理，部分地区通过两地政府派驻人员组成管委会，还有部分地区通过协商直接由飞入地或飞出地派遣人员组成。

从基础建设开发角度来看，多数园区以飞入地为主导，负责园区的基础设施建设，少部分园区则是由飞出地负责，也有一些园区通过协商由双方负责开发建设。

在招商引资方面，各地也积极通过协商的方式开展，部分园区实施飞出地招商，因为通常飞出地经济发展较好，在招商资源具有一定基础，部分企业从原来的地区直接进入新的飞入地，也有部分飞入地通过自身招商，构建良好的投资环境，吸引其他地区的企业到当地发展。

（二）决策机制

既然飞地经济涉及两地政府的对话和决策，那么该机制必然成为日常工作和重要事项决定的关键因素。统筹好两地政府的决策与职能归属，是决定飞地经济能否在当地持续良好发展的重要保障，而通过实地调研发现，部分地区通常成立最高决策机构，如联席会议制度、最高决策机构等，它们由两地政府领导共同组成，定期举行决策会议，对未来规划、当前发展、人员组成、管理方式等问题进行沟通和解决。

二、互利共赢机制

区域经济发展的目标，是实现两者的双赢。飞地经济作为区域经济发展的

---

① 冯云廷．飞地经济模式及其互利共赢机制研究［J］．财经问题研究，2013（7）:94-102.

模式之一，完善这一机制运行与发展，是飞地经济得以延续的基础和重要保障。合作的目的是获得更大的利益与收益，双方都让渡了部分的行政权力，如果不能达到“1+1>2”的效果，那么合作的效果就是低效率的。因此，从这个意义上讲，互利共赢机制本身包含两个内容：利益分配机制与激励机制。

（一）利益分配机制

利益分配机制是飞地经济重要的运行机制，而税收分配、招商投资分配、基础建设投入分配和环境保护投资分配是其中的重要因素。[①] 经济指标一直是各个行政区域发展的重要参考内容，良好的发展模式、产业结构、资源禀赋等因素都可以影响到经济的提升。飞地经济是共同合作收益的协作发展模式，各地区都出让了部分比较优势和利益，是为了获得更多的利益，而如何分配好共同的收益至关重要。在实地调研中发现，利益的分配也有较大区别。例如，以对口扶贫协作的飞地经济模式在利益分配上，更多倾向于对落后地区的帮扶；对于相对发达的地区而言，更多地体现其综合社会价值和特殊的政治意义上，在利益分配上大部分利益都归属于相对落后地区。除了对口扶贫模式之外，其他飞地经济模式在涉及利益分配时候更多强调平等、共赢，如部分地区将税收及利益作为未来的资金，形成滚动、持续的发展，通常是按 5:5 的比例进行分配。

（二）激励机制

利益分配机制与激励机制互相作用、互相影响。合理的利益分配原则能够更好地促进激励机制的实现，而拥有激励机制时便能够更好地推动利益分配更具有前瞻性和科学性。飞地经济依靠激励机制而存在，而合理的利益分配机制是激励主要表现形式。这一机制在飞地经济农业领域实践具有一定代表性，一些农村地区因为自然地理条件约束，使得人均耕地面积极少，即使拥有科学的种植技术和相应的扶贫资金，也很难起到预期的效果，而通过流转土地或者将资金投入其他地区实行合作，盘活资金的同时获得更多的收益，农户通过各自的投入比获得分红，由此作为激励机制持续运作，最终实现资源的有效配置和经济发展。

---

① 周柯、谷洲洋．飞地经济运行机制及实现途径研究［J］．中州学刊，2017（10）:23-28.

三、要素整合机制

要素整合机制是飞地经济得以实现的前提之一，区域经济发展强调地区的资源禀赋和要素流动，区际的比较优势使得飞地经济发展有了可能。通过竞争合作将各要素整合，把市场和政府引导作为主要推动力，促进资源的再分配和优化。因此，这一机制可以从要素禀赋理论和比较优势理论来予以分析。

从要素禀赋理论的视角来看，飞地经济模式能实现的条件之一，是双方具有不同的要素禀赋，并通过协调与整合，将不同的资源合理配置，实现最优化的利用。

从比较优势理论的视角来看，具有不同禀赋资源地区相对于其他区域就是一种比较优势的体现，双方充分发挥各自的优势，将资源整合利用，达到共赢的目的。

由此可见，飞地经济的就是在各自的比较优势前提下，通过合作共赢实现模式的正常运转。

本章小结

本章分析研究飞地经济的产生机理、模式及运行机制。我国飞地经济的产生具有很强空间重构及尺度重组的属性，结合我国飞地经济发展的特点，从城市、区域、国家三个维度进行产生机理的说明。飞地经济的模式主要有投资型、管理型、成因型、功能型及“飞行方向”型，每一种模式都有着各自的特点与运用，较为完整地的体现飞地经济的实践效果。此外本章还分析飞地经济运行机制的理论架构，证明了构建科学的飞地经济运行机制是实现其良好发展的重要环节。

第五章　基于 CRITIC 法的飞地耦合协调度研究——基于四川民族地区的实证分析

第一节 飞地经济与耦合协调度的关联分析

耦合的概念最早来源于物理学，通常是指多个系统之间通过一系列的相互作用而彼此影响的状态，这种相互作用有的时候是促进关系、有的时候是阻碍关系。随着耦合概念被广泛运用于生物学、经济学等领域，它也被用于解释具有因果关系的两个及以上的系统，伴随着物质、能量、信息等要素不断地传递与循环，在经历极其复杂的变化之后，最终生成了一个新系统的耦合过程。

在经济学领域，耦合协调度模型用于分析区域或城市之间协调发展水平。耦合度指两个或两个以上系统之间的相互作用影响，实现协调发展的动态关联关系，可以反映系统之间相互依赖、相互制约的程度。协调度指耦合相互作用关系中良性耦合程度的大小，它可体现出协调状况的好坏。飞地经济模式与耦合协调度在运用上存在相关联性：

首先，飞地经济本是区域经济协调发展模式之一，而耦合协调度是评估区域之间经济发展是否协调的方式之一，因而耦合协调度的结果可以作为判定两地飞地经济模式合作是否匹配的依据，在方法适用上具备可行性。

其次，飞地经济模式所考虑的城市之间匹配度因素与区域耦合协调度评估的部分内容相同。飞地经济模式合作能够得以实现必须充分考量两地合作的产业基础、经济基础、社会保障条件等因素，而区域或城市之间的耦合协调程度评估的内容与飞地经济模式的因素相类似，因此耦合协调度在一定程度上可以作为判定两地是否适合开展飞地经济合作的前提。对合作地区可能匹配的城市进行耦合协调度评估，进一步验证了飞地经济城市之间的匹配、协调关系。

最后，国家政策导向的支持，让关联性较小的不同区域及不同城市之间的联系程度逐渐增强，使得运用耦合协调度来评估两地开展飞地经济模式的方法具有现实意义。东西协作、对口支援、指定帮扶是国家对于民族地区及欠发达地区经济发展的支持政策，在实践中，四川省与浙江省就建立了帮扶关系，其中嘉善—庆元—九寨沟“飞地”产业园于 2020 年 11 月 16 日在浙江省嘉兴市嘉善县大云镇正式开园，这也使得不同区域间、不同城市的发展关系更加紧密，运用耦合协调度来判断飞地经济城市之间的合作更具现实意义。

随着未来飞地经济模式合作主体身份的不断演变，将会是区域与区域之间的合作，这样的变化趋势使得运用耦合协调度方法来判定两地开展飞地经济更具前瞻性。

第二节　耦合协调度的指标选取与计算

一、指标选取的原则

指标的选取与分类按照现有文献的科学依据划分并根据飞地经济的影响因素做细致调整，分别为区域经济子系统、社会保障子系统、基础设施子系统和人民生活子系统。具体原则应包括如下：

1. 科学性原则。这一原则要求在指标的选取上必须遵循客观的发展规律，不能违背经济的发展规律和内容，在选取过程中要贴近人民生活、体现经济发展情况以及基础服务等。

2. 系统性原则。飞地经济涉及两个区域的经济、社会、环境、文化等因素，是一个符合的整体，所以指标的选取需要形成一个有效的系统且全面，避免弱化某一个方面的因素。

3. 可操作性原则。指标的选取来源为国家官方的统计数据，因此在可操作性上一般表现为指标的可量化性和获得性。

4. 可比性原则。这一原则主要体现在不同时间段、不同的空间段指标是可以相互比较和参考的，即统计的方式、使用的范围应该一致。

5. 层次性原则。指标的选取需要具有相应的层次性和递进性，在上级指标的基础上能够相应的划分出多个下级指标，使得整个指标系统具有完整的层次性。

6. 简明性原则。该原则主要表现在指标的选取上需要高度的简单、明确和具有关联性，避免过渡的复杂化。从科学有效的基础上，选择具有代表性的一些指标，提升指标的可信任程度。

飞地耦合协调度评价指标体系内容见表 5-1。

表 5-1 飞地耦合协调度评价指标体系

一级指标	二级指标	序号	三级指标	指标方向	单位
区域经济子系统	经济水平	1	GDP 增长率	正	%
		2	人均 GDP	正	元
		3	GDP 密度（万元 / 千米）	正	亿元 / 平方千米
		4	固定资产投资增长率	正	%
		5	财政收入占 GDP 比重	正	%
		6	财政收入增长率	正	%
	产业结构与效益	1	规上企业利润	正	亿元
		2	农林牧渔业人均占有量	正	元 / 人
		3	第二、三产业占 GDP 比重	正	%
	对外开放程度	1	进出口总额	正	万美元
		2	接待入境外国游客	正	万
		3	国际外汇旅游收入	正	万美元
社会保障子系统	社保	1	失业率	负	%
		2	社保和就业占 GDP 比重	正	%
	医疗	1	医疗卫生支出占 GDP 比重	正	%
		2	卫生机构数量	正	个
		3	卫生机构人员数	正	个
		4	卫生机构床位数	正	个
	教育	1	教育支出占 GDP 比重	正	%
		2	普通高等学校	正	个
		3	中职院校数量	正	个

续　表

一级指标	二级指标	序号	三级指标	指标方向	单位
基础设施子系统	公路	1	公路总里程（千米）	正	千米
		2	公路密度（公路里程 / 土地面积）	正	千米 / 平方千米
	市政设施水平	1	城镇化率	正	%
		2	建成区绿化覆盖率	正	%
		3	人均公园绿地面积	正	人 / 平方米
		4	人均城市道路面积	正	人 / 平方米
		5	用气普及率	正	%
		6	用水普及率	正	%
		7	生活垃圾无害化处理率	正	%
人民生活子系统	收入	1	城镇居民可支配收入	正	元
		2	农村居民可支配收入	正	元
		3	城乡收入比	负	—
	支出	1	农村居民人均生活费支出	正	元
		2	城镇居民人均生活费支出	正	元
		3	农村居民人均生活费支出食品烟酒支出比重	负	%
		4	城镇居民人均生活费支出食品烟酒支出比重	负	%

二、耦合协调度评价模型

耦合度模型的计算公式为

$$C_n = \left\{ \frac{\left(u_1, u_2, \cdots, u_r\right)}{\prod\left(u_i + u_j\right)} \right\}^{\frac{1}{n}} \tag{5-1}$$

式中，$u_i(i=1,2,3,\cdots,r)$ 是各个子系统的评价函数，通过计算得出综合评价分数；n 表示子系统的数量。

耦合度取值在 0 ~ 1 范围内，数字越接近 1 耦合度越高，数字越接近 0 则耦合度越小。耦合度用来反映相互之间作用的强弱关系，在协调程度的反应上不明显，因此引入耦合协调度进行更全面的分析。

耦合协调度模型为

耦合度： $$C=\left\{\frac{f(x)\times f(y)\times f(z)\times f(g)}{\left[f(x)+f(y)+f(z)+f(g)\right]^{4}}\right\}^{\frac{1}{4}} \quad (5\text{–}2)$$

耦合协调度： $$T=\alpha f(x)+\beta f(y)+\chi f(z)+\delta f(g) \quad (5\text{–}3)$$

式中 $f(x)$、$f(y)$、$f(z)$、$f(g)$ 分别代表四个子系统的评价函数；T 为两两城市之间的综合评价函数；α、β、χ、δ为待定系数。耦合协调度值介于在 0 ~ 1 范围内，数值越靠近 1 则协调程度越高，反之则越小。

根据相关文献及资料，耦合协调度的等级设定见表 5–2。

表 5–2　耦合协调广东的等级

协调指数	协调等级
$0 \leqslant D < 0.1$	极度失调
$0.1 \leqslant D < 0.2$	严重失调
$0.2 \leqslant D < 0.3$	中度失调
$0.3 \leqslant D < 0.4$	轻度失调
$0.4 \leqslant D < 0.5$	濒临失调
$0.5 \leqslant D < 0.6$	勉强协调
$0.6 \leqslant D < 0.7$	初级协调
$0.7 \leqslant D < 0.8$	中等协调
$0.8 \leqslant D < 0.9$	高度协调
$0.9 \leqslant D < 1$	极高协调

三、基于 CRITIC 赋权法的耦合协调度模型拓展

耦合协调度模型$f(x)$、$f(y)$、$f(z)$、$f(g)$代表各个子系统的评价函数，其中

系数α、β、χ、δ是通过利用熵值法计算且默认赋平均权重。通常情况下有多少个子系统，就平均分多少权重。例如，本书中选取的指标为四个子系统，可以将四个系数权重平均设为25%，即无论如何设置都是采用平均的赋权方式，再利用计算出来的综合评分计算地区的耦合协调度。但是这样的赋权方式过于主观，计算出来的综合评分不能较为客观且准确地表现飞地经济模式的特性，耦合协调度的结果也会受到一定程度的影响。因此本书使用CRITIC客观赋权的方式，它是一种比熵权法和标准离差法更好的客观赋权方式，通过将各个子系统的权重客观分配，由此计算的综合评分及耦合协调度更加客观。

CRITIC法是基于评价指标的对比强度和指标之间的冲突性来综合衡量指标的客观权重，考虑指标变异性大小的同时兼顾指标之间的相关性，并非数字越大就说明越重要，完全利用数据自身的客观属性进行科学的评价。对比强度是指标各个评价方案之间取值差距的大小，以标准差的形式来表现，标准差越大，说明波动越大，即各方案之间的取值差距越大，权重会越高。在飞地经济模式的实践中，通常考虑两地经济发展的落差和梯度压力差，这是开展飞地经济模式的前提之一。梯度差越大则说明产业转移的必要性越高，经济发展水平落差大则说明采用飞地经济模式的可能性越大，而反映两地经济落差或者梯度差的主要指标差距就会比较明显。按照CRITIC法的特征，指标之间的取值差距越大，波动也就越大，权重也就越高，说明这项指标更重要，这与飞地经济模式的特征非常相似。冲突性使用相关系数进行表示，如果指标之间的相关系数值越大，说明冲突性越小，那么其权重也就越小。权重计算时，对比强度与冲突性指标相乘，并且进行归一化处理，即得到最终的权重。

四、CRITIC法计算步骤

第一步：无量纲化处理

为消除因为量纲不同对评价结果的影响，需要对各项指标进行无量纲化处理。CRITIC法通常使用正向化和逆向化处理，不建议使用标准化处理，原因是如果使用标准化，全部数字都会变成1，导致波动性的指标没有意义。

正向指标：　　A^{-}　　（5-4）

负向指标：　　A^{-}　　（5-5）

第二步：指标变异性

指标的变异性用标准差来表现。

$$\begin{cases} \bar{x}_j = \frac{1}{n}\sum_{i=1}^{n} x_{ij} \\ S_j = \sqrt{\frac{\sum_{i-1}^{n}\left(x_{ij} - \bar{x}_j\right)^2}{n-1}} \end{cases} \quad (5\text{-}6)$$

式中，S_j 表示第 j 个指标的标准差。

在 CRITIC 法中使用标准差来表示各指标差异波动情况，标准差越大表示指标的数值差异较大，越能反映更多的信息，指标评价强度也就越强，相应的权重也就越大。

第三步：指标冲突性

用相关系数进行表示

$$R_j = \sum_{i=1}^{p}\left(1 - r_{ij}\right) \quad (5\text{-}7)$$

式中，r_{ij} 表示评价指标 i 和 j 之间的相关系数

使用相关系数表示指标的相关性，与其他指标的相关性越强，则该指标与其他指标的冲突性就越小，所能体现的评价内容就有重复之处，一定程度削弱了评价强度，应减少该指标权重。

第四步：计算信息量

使用信息量的丰富程度来作为设置权重的依据。

$$C_j = S_j\sum_{i=1}^{p}\left(1 - r_{ij}\right) = S_j \times R_j \quad (5\text{-}8)$$

当 C_j 越大时，第 j 个评价指标在整个评价指标体系中的作用越大，就应该给其分配更多的权重。

第五步：客观赋权

第 j 个指标的客观权重 W_j 为

$$W_j = \frac{C_j}{\sum_{j=1}^{p} C_j} \quad (5\text{-}9)$$

第三节　实证分析：以四川民族地区为例

选取2015—2019年数据，运用CRITIC法计算各指标权重及综合得分，以四川省内18个非民族市州及武汉、杭州、深圳、重庆4个外省的城市作为阿坝州、甘孜自治州和凉山州对应飞地耦合协调度分析。

一、指标权重及综合得分

首先，根据CRITIC法计算得出各项指标权重及综合评价得分，结果见表5-3、表5-4。

表5-3　各系统指标权重结果及分布

<table>
<tr><th>第一层</th><th>第二层</th><th>序号</th><th>指标</th><th>指标方向</th><th>平均权重</th></tr>
<tr><td rowspan="12">区域经济子系统</td><td rowspan="6">经济水平</td><td>1</td><td>GDP增长率</td><td>正</td><td rowspan="12">32%</td></tr>
<tr><td>2</td><td>人均GDP</td><td>正</td></tr>
<tr><td>3</td><td>GDP密度（万元/千米）</td><td>正</td></tr>
<tr><td>4</td><td>固定资产投资增长率</td><td>正</td></tr>
<tr><td>5</td><td>财政收入占GDP比重</td><td>正</td></tr>
<tr><td>6</td><td>财政收入增长率</td><td>正</td></tr>
<tr><td rowspan="3">产业结构与效益</td><td>1</td><td>规上企业利润</td><td>正</td></tr>
<tr><td>2</td><td>农林牧渔业人均占有量</td><td>正</td></tr>
<tr><td>3</td><td>第二、三产业占GDP比重</td><td>正</td></tr>
<tr><td rowspan="3">对外开放程度</td><td>1</td><td>进出口总额</td><td>正</td></tr>
<tr><td>2</td><td>接待入境外国游客</td><td>正</td></tr>
<tr><td>3</td><td>国际外汇旅游收入</td><td>正</td></tr>
</table>

续 表

第一层	第二层	序号	指标	指标方向	平均权重
社会保障子系统	社保	1	失业率	负	31%
		2	社保和就业占 GDP 比重	正	
	医疗	1	医疗卫生支出占 GDP 比重	正	
		2	卫生机构数量	正	
		3	卫生机构人员数	正	
		4	卫生机构床位数	正	
	教育	1	教育支出占 GDP 比重	正	
		2	普通高等学校	正	
		3	中职院校数量	正	
基础设施子系统	公路	1	公路总里程（千米）	正	24%
		2	公路密度	正	
	市政设施水平	1	城镇化率	正	
		2	建成区绿化覆盖率	正	
		3	人均公园绿地面积	正	
		4	人均城市道路面积	正	
		5	用气普及率	正	
		6	用水普及率	正	
		7	生活垃圾无害化处理率	正	

续　表

第一层	第二层	序号	指标	指标方向	平均权重
人民生活子系统	收入	1	城镇居民可支配收入	正	13%
		2	农村居民可支配收入	正	
		3	城乡收入比	负	
	支出	1	农村居民人均生活费支出	正	
		2	城镇居民人均生活费支出	正	
		3	农村居民人均生活费支出食品烟酒支出比重	负	
		4	城镇居民人均生活费支出食品烟酒支出比重	负	

表 5-4　各城市 2015—2019 年综合评价得分

城市	2015年	2016年	2017年	2018年	2019年
成都市	0.5369	0.5870	0.5807	0.5852	0.5614
自贡市	0.3744	0.3958	0.3758	0.4079	0.4371
攀枝花市	0.3573	0.3929	0.3787	0.3735	0.4145
泸州市	0.4251	0.4421	0.4163	0.4066	0.4371
德阳市	0.4583	0.4609	0.4561	0.4871	0.4660
绵阳市	0.4527	0.4549	0.4455	0.4785	0.4618
广元市	0.4102	0.3800	0.3819	0.3967	0.3971
遂宁市	0.4595	0.4568	0.4315	0.4606	0.4475
内江市	0.3920	0.4510	0.4490	0.4363	0.4373
乐山市	0.4365	0.4101	0.3932	0.4248	0.4242
南充市	0.4648	0.4584	0.4536	0.4751	0.4681
眉山市	0.4326	0.4422	0.4121	0.4370	0.4319

续 表

城市	2015年	2016年	2017年	2018年	2019年
宜宾市	0.3913	0.4151	0.4025	0.4523	0.4466
广安市	0.4706	0.4819	0.4853	0.5065	0.4866
达州市	0.3878	0.3926	0.3392	0.3874	0.4247
雅安市	0.3434	0.3722	0.3586	0.3825	0.3973
巴中市	0.3680	0.3574	0.3667	0.2916	0.3553
资阳市	0.4621	0.4134	0.4389	0.4603	0.4024
阿坝州	0.2936	0.2896	0.2360	0.2668	0.2952
甘孜州	0.2257	0.2537	0.2455	0.2660	0.2648
凉山州	0.3262	0.3207	0.3313	0.3101	0.3348
杭州市	0.5261	0.5090	0.4957	0.5073	0.5000
深圳市	0.5623	0.5470	0.5399	0.5372	0.5291
武汉市	0.5300	0.5328	0.5158	0.5243	0.5254
重庆市	0.5188	0.5311	0.5193	0.5128	0.5033

注：数据结果由作者计算。

其次，将各个城市的综合评价得分作为计算耦合度和耦合协调度的依据，依次将阿坝州、甘孜州、凉山州与其他22个城市进行对比的计算，得出耦合协调度结果。

二、四川民族地区飞地耦合协调度分析

（一）阿坝州对应城市耦合协调度分析

通过计算得到阿坝州与其他22个城市的对应耦合协调度值和等级，见表5-5。

表 5-5 阿坝州对应城市耦合协调度值和耦合等级

城市	2015年	协调等级	2016年	协调等级	2017年	协调等级	2018年	协调等级	2019年	协调等级
成都市	0.6301	初级协调	0.6422	初级协调	0.6085	初级协调	0.6286	初级协调	0.6381	初级协调
自贡市	0.5758	勉强协调	0.5819	勉强协调	0.5458	勉强协调	0.5744	勉强协调	0.5994	勉强协调
攀枝花市	0.5692	勉强协调	0.5809	勉强协调	0.5468	勉强协调	0.5619	勉强协调	0.5915	勉强协调
泸州市	0.5944	勉强协调	0.5982	勉强协调	0.5599	勉强协调	0.5739	勉强协调	0.5994	勉强协调
德阳市	0.6057	初级协调	0.6045	初级协调	0.5728	勉强协调	0.6004	初级协调	0.6090	初级协调
绵阳市	0.6038	初级协调	0.6025	初级协调	0.5695	勉强协调	0.5978	勉强协调	0.6077	初级协调
广元市	0.5891	勉强协调	0.5760	勉强协调	0.5480	勉强协调	0.5704	勉强协调	0.5852	勉强协调
遂宁市	0.6061	初级协调	0.6031	初级协调	0.5650	勉强协调	0.5921	勉强协调	0.6029	初级协调
内江市	0.5825	勉强协调	0.6012	初级协调	0.5706	勉强协调	0.5841	勉强协调	0.5994	勉强协调
乐山市	0.5983	勉强协调	0.5871	勉强协调	0.5520	勉强协调	0.5802	勉强协调	0.5949	勉强协调
南充市	0.6078	初级协调	0.6037	初级协调	0.5720	勉强协调	0.5967	勉强协调	0.6097	初级协调
眉山市	0.5970	勉强协调	0.5983	勉强协调	0.5585	勉强协调	0.5844	勉强协调	0.5976	勉强协调
宜宾市	0.5822	勉强协调	0.5889	勉强协调	0.5552	勉强协调	0.5894	勉强协调	0.6026	初级协调

续 表

城市	2015年	协调等级	2016年	协调等级	2017年	协调等级	2018年	协调等级	2019年	协调等级
广安市	0.6097	初级协调	0.6112	初级协调	0.5818	勉强协调	0.6063	初级协调	0.6157	初级协调
达州市	0.5809	勉强协调	0.5807	勉强协调	0.5320	勉强协调	0.5670	勉强协调	0.5951	勉强协调
雅安市	0.5635	勉强协调	0.5731	勉强协调	0.5394	勉强协调	0.5652	勉强协调	0.5852	勉强协调
巴中市	0.5733	勉强协调	0.5673	勉强协调	0.5424	勉强协调	0.5282	勉强协调	0.5691	勉强协调
资阳市	0.6069	初级协调	0.5883	勉强协调	0.5674	勉强协调	0.5920	勉强协调	0.5871	勉强协调
杭州市	0.6269	初级协调	0.6197	初级协调	0.5849	勉强协调	0.6066	初级协调	0.6199	初级协调
深圳市	0.6374	初级协调	0.6309	初级协调	0.5975	勉强协调	0.6153	初级协调	0.6287	初级协调
武汉市	0.6281	初级协调	0.6268	初级协调	0.5907	勉强协调	0.6116	初级协调	0.6276	初级协调
重庆市	0.6247	初级协调	0.6263	初级协调	0.5917	勉强协调	0.6082	初级协调	0.6209	初级协调

注：数据结果由作者计算。

从整体上分析，2015—2019年阿坝州对应的22个城市的耦合协调等级只有初级协调和勉强协调。其中5年间初级协调等级出现频率次数为42次，勉强协调等级出现频率次数为68次，勉强协调出现次数多于初级协调且未超过一半次数，说明总体阿坝州对应城市间的耦合协调程度还不高。

从分值变化情况分析，2015—2019年阿坝州对应22个城市耦合协调度值具有波动性，呈现出两种趋势：第一种为“先上升后下降再上升”，如宜宾市2015—2019年分值为0.5822，0.5889，0.5552，0.5894，0.6026第二种为“先下降再上升”的趋势，如深圳市2015—2019年的分值分别为0.6374，0.6309，

0.5975，0.6153，0.6287。

从单个城市耦合协调度值分析，部分城市耦合协调度分值在 2019 年均比 2015 年有所提高，如自贡市、攀枝花市分别从 0.5758 和 0.5692 上升到 0.5994 和 0.5915；部分城市耦合协调度分值在 2019 年均比 2015 年有所下降，如杭州市、巴中市分别从 0.6269 和 0.5733 下降到 0.6199 和 0.5691.

从耦合协调等级分析，只有成都市在 5 年时间内均保持初级协调等级，其他城市耦合协调等级均在不同年份有所下降，以耦合协调等级程度来评估两地开展飞地经济城市选择，阿坝州开展飞地经济最优先考虑的匹配城市为成都市。杭州市、重庆市、武汉市、深圳市、德阳市、广安市 5 年间初级协调等级出现次数频率均为 4 次，可以作为次要备选城市考虑范围，优先程度低于成都市。

（二）甘孜州对应城市耦合协调度分析

通过计算得到甘孜州与其他 22 个城市的对应耦合协调度等级，见表 5-6。

表 5-6 甘孜州对应城市耦合协调度值和耦合等级

城市	2015年	协调等级	2016年	协调等级	2017年	协调等级	2018年	协调等级	2019年	协调等级
成都市	0.6301	勉强协调	0.6422	初级协调	0.6085	初级协调	0.6286	初级协调	0.6381	初级协调
自贡市	0.5758	勉强协调	0.5819	勉强协调	0.5458	勉强协调	0.5744	勉强协调	0.5994	勉强协调
攀枝花市	0.5692	勉强协调	0.5809	勉强协调	0.5468	勉强协调	0.5619	勉强协调	0.5915	勉强协调
泸州市	0.5944	勉强协调	0.5982	勉强协调	0.5599	勉强协调	0.5739	勉强协调	0.5994	勉强协调
德阳市	0.6057	勉强协调	0.6045	勉强协调	0.5728	勉强协调	0.6004	勉强协调	0.6090	勉强协调
绵阳市	0.6038	勉强协调	0.6025	勉强协调	0.5695	勉强协调	0.5978	勉强协调	0.6077	勉强协调
广元市	0.5891	勉强协调	0.5760	勉强协调	0.5480	勉强协调	0.5704	勉强协调	0.5852	勉强协调

续 表

城市	2015年	协调等级	2016年	协调等级	2017年	协调等级	2018年	协调等级	2019年	协调等级
遂宁市	0.6061	勉强协调	0.6031	勉强协调	0.5650	勉强协调	0.5921	勉强协调	0.6029	勉强协调
内江市	0.5825	勉强协调	0.6012	勉强协调	0.5706	勉强协调	0.5841	勉强协调	0.5994	勉强协调
乐山市	0.5983	勉强协调	0.5871	勉强协调	0.5520	勉强协调	0.5802	勉强协调	0.5949	勉强协调
南充市	0.6078	勉强协调	0.6037	勉强协调	0.5720	勉强协调	0.5967	勉强协调	0.6097	勉强协调
眉山市	0.5970	勉强协调	0.5983	勉强协调	0.5585	勉强协调	0.5844	勉强协调	0.5976	勉强协调
宜宾市	0.5822	勉强协调	0.5889	勉强协调	0.5552	勉强协调	0.5894	勉强协调	0.6026	勉强协调
广安市	0.6097	勉强协调	0.6112	勉强协调	0.5818	勉强协调	0.6063	勉强协调	0.6157	勉强协调
达州市	0.5809	勉强协调	0.5807	勉强协调	0.5320	勉强协调	0.5670	勉强协调	0.5951	勉强协调
雅安市	0.5635	勉强协调	0.5731	勉强协调	0.5394	勉强协调	0.5652	勉强协调	0.5852	勉强协调
巴中市	0.5733	勉强协调	0.5673	勉强协调	0.5424	勉强协调	0.5282	勉强协调	0.5691	勉强协调
资阳市	0.6069	勉强协调	0.5883	勉强协调	0.5674	勉强协调	0.5920	勉强协调	0.5871	勉强协调
杭州市	0.6269	勉强协调	0.6197	勉强协调	0.5849	勉强协调	0.6066	初级协调	0.6199	初级协调
深圳市	0.6374	勉强协调	0.6309	初级协调	0.5975	初级协调	0.6153	初级协调	0.6287	初级协调
武汉市	0.6281	勉强协调	0.6268	初级协调	0.5907	勉强协调	0.6116	初级协调	0.6276	初级协调
重庆市	0.6247	勉强协调	0.6263	初级协调	0.5917	勉强协调	0.6082	初级协调	0.6209	初级协调

注：数据结果由作者计算。

从整体分析，甘孜州耦合协调水平要大大低于阿坝州与凉山州，其中 5 年间初级协调等级出现频率次数只有 16 次，勉强协调等级出现频率次数高达 94 次，勉强协调出现次数频率是初级协调次数的 5 倍多，说明甘孜州总体上与对应城市间的耦合协调程度较低。

从整体分值情况分析，2015—2019 年甘孜州对应其他 22 个城市耦合协调度具有波动性，呈现出两种趋势：第一种为“先上升后下降再上升”，如成都市 2015—2019 年分值为 0.6301,0.6422,0.6085,0.6286,0.6381；第二种为“先下降再上升”的趋势，如广元市 2015—2019 年的分值分别为 0.5891，05760，0.5480，0.5704，0.5852。

从单个城市耦合协调度分值分析，部分城市耦合协调度分值在 2019 年均比 2015 年有所提高，如宜宾市、内江市分别从 0.5822 和 0.5825 上升到 0.6026 和 0.5994；部分城市耦合协调度分值在 2019 年均比 2015 年有所下降，例如资阳市和深圳市从 0.6069 和 0.6374 下降到 0.5871 和 0.6287。

从个体协调等级程度分析，没有一个城市在 5 年内均保持初级协调耦合等级，只有成都市、深圳市勉强在 5 年时间达到了 4 次。以耦合协调程度评估，甘孜州开展飞地经济模式的选择城市只有成都市和深圳市。

（三）凉山州对应城市耦合协调度分析

通过计算得到凉山州与其他 22 个城市的对应耦合协调度等级，见表 5–7。

表 5–7 凉山州对应城市耦合协调度值和耦合等级

城市	2015年	协调等级	2016年	协调等级	2017年	协调等级	2018年	协调等级	2019年	协调等级
成都市	0.6470	初级协调	0.6587	初级协调	0.6422	初级协调	0.6527	初级协调	0.6585	初级协调
自贡市	0.5912	勉强协调	0.5969	勉强协调	0.5819	勉强协调	0.5964	勉强协调	0.6185	初级协调
攀枝花市	0.5843	勉强协调	0.5958	勉强协调	0.5809	勉强协调	0.5834	勉强协调	0.6104	初级协调
泸州市	0.6103	初级协调	0.6136	初级协调	0.5982	勉强协调	0.5959	勉强协调	0.6186	初级协调

续 表

城市	2015年	协调等级	2016年	协调等级	2017年	协调等级	2018年	协调等级	2019年	协调等级
德阳市	0.6218	初级协调	0.6201	初级协调	0.6045	初级协调	0.6235	初级协调	0.6285	初级协调
绵阳市	0.6200	初级协调	0.6181	初级协调	0.6025	初级协调	0.6207	初级协调	0.6271	初级协调
广元市	0.6049	初级协调	0.5909	勉强协调	0.5760	勉强协调	0.5923	勉强协调	0.6039	初级协调
遂宁市	0.6223	初级协调	0.6187	初级协调	0.6031	初级协调	0.6148	初级协调	0.6222	初级协调
内江市	0.5980	勉强协调	0.6167	初级协调	0.6012	初级协调	0.6066	初级协调	0.6186	初级协调
乐山市	0.6143	初级协调	0.6022	初级协调	0.5871	勉强协调	0.6025	初级协调	0.6139	初级协调
南充市	0.6241	初级协调	0.6192	初级协调	0.6037	初级协调	0.6196	初级协调	0.6292	初级协调
眉山市	0.6129	初级协调	0.6137	初级协调	0.5983	勉强协调	0.6068	初级协调	0.6167	初级协调
宜宾市	0.5978	勉强协调	0.6041	初级协调	0.5889	勉强协调	0.6120	初级协调	0.6219	初级协调
广安市	0.6260	初级协调	0.6270	初级协调	0.6112	初级协调	0.6296	初级协调	0.6354	初级协调
达州市	0.5964	勉强协调	0.5957	勉强协调	0.5807	勉强协调	0.5888	勉强协调	0.6141	初级协调
雅安市	0.5786	勉强协调	0.5878	勉强协调	0.5731	勉强协调	0.5869	勉强协调	0.6040	初级协调
巴中市	0.5887	勉强协调	0.5819	勉强协调	0.5673	勉强协调	0.5484	勉强协调	0.5873	勉强协调
资阳市	0.6231	初级协调	0.6034	初级协调	0.5883	勉强协调	0.6147	初级协调	0.6059	初级协调

续　表

城市	2015年	协调等级	2016年	协调等级	2017年	协调等级	2018年	协调等级	2019年	协调等级
杭州市	0.6437	初级协调	0.6356	初级协调	0.6197	初级协调	0.6298	初级协调	0.6397	初级协调
深圳市	0.6545	初级协调	0.6472	初级协调	0.6309	初级协调	0.6389	初级协调	0.6488	初级协调
武汉市	0.6449	初级协调	0.6430	初级协调	0.6268	初级协调	0.6350	初级协调	0.6477	初级协调
重庆市	0.6414	初级协调	0.6424	初级协调	0.6263	初级协调	0.6315	初级协调	0.6408	初级协调

注：数据结果由作者计算。

从整体观察，凉山州与对应的22个地区耦合协调程度最高，5年间初级协调等级出现频率次数高达78次，超过阿坝州与甘孜州两者的总和；勉强协调等级出现频率次数只有32次，说明凉山州总体上与对应城市间的耦合协调程度较高。

从整体分值情况分析，2015—2019年凉山州对应22个城市耦合协调度具有波动性，呈现出两种趋势：第一种为“先上升后下降再上升”，如广元市2015—2019年分值为0.6049，0.5909，0.5760，0.5923，0.6039。第二种为“先下降再上升”的趋势，如乐山市2015—2019年的分值分别为0.6143，0.6022，0.5871，0.6025，0.6139。

从单个城市耦合协调度分值分析，部分城市耦合协调度分值在2019年均比2015年有所提高，如达州市、广安市分别从0.5964和0.6260上升到0.6141和0.6354；部分城市耦合协调度分值在2019年均比2015年有所下降，如资阳市从0.6231下降到0.6059。

从个体协调等级程度分析，成都市、德阳市、绵阳市、遂宁市、南充市、广安市、杭州市、深圳市、武汉市、重庆市在5年时间内都保持在初级协调水平上，而自贡市、攀枝花市、巴中市5年间勉强协调次数等级超过4次。以耦合协调度等级的角度来评估，凉山州与成都市、德阳市、绵阳市、遂宁市、南充市、广安市、杭州市、深圳市、武汉市、重庆市都可以作为飞地经济模式的合作城市。

本章小结

本章运用CRITIC法与耦合协调度组合使用，分别计算出阿坝州、甘孜州、凉山州与其他22个地区对应的耦合协调度值及等级，并以此为角度评估与阿坝州、甘孜州、凉山州开展飞地经济合作城市的耦合协调度。分析结果表明：甘孜州与这些地区的耦合协调等级较低，仅有成都市与深圳市可以勉强作为开展飞地经济模式的合作城市；阿坝州、凉山州与其他城市耦合协调等级较高，如成都市、杭州市、重庆市、武汉市、深圳市、德阳市、广安市等都可以作为其飞地经济模式的合作城市。这些结果为我国民族地区飞地经济模式合作城市提供了一定程度的依据与参考。

第六章　我国民族地区飞地经济合作主体博弈行为研究

第一节　我国民族地区飞地经济模式利益主体博弈行为特征分析

本书第三章对飞地经济模式发展的历程进行了分析，可以看出，飞地经济模式在不同时间阶段的主导力量、产业选择、政策背景、运行机制等方面都是不同的，第一阶段的飞地经济模式以各级政府的行政推动力量为主导，对于飞出地产业转移、产业结构的更新以及两地之间的产业匹配程度等因素考虑较少，主要考虑飞出地政府与飞入地政府之间的主观合作意愿。从飞出地角度来看，合作的驱动力主要依靠国家制定的对口帮扶任务；从合作意愿的角度来看，飞出地政府具有一定的合作意向，但是更多基于帮扶的政治任务，所以合作可持续性较差。从飞入地角度来看，在当时只要引入发达地区的产业，就能够带动当地经济的发展，因此无论是企业的性质还是带来的环境破坏程度都不会过多考虑，所以会强烈希望与飞出地政府合作。例如，成都—阿坝州工业园是为了阿坝州灾后恢复经济发展而建立的工业园，主观上来看具有帮扶性质，成都市基于援助在金堂县设立了成都—阿坝州工业园，实现阿坝州的灾后重建。从博弈角度来看，阿坝州政府愿意接受这样的帮扶，除了能够从灾后迅速恢复之外，还可以在今后的合作中获得更多的收益，同时不会对当地的生态进行破坏；从成都市政府来看，既得利益有部分将会流失，在不考虑产业匹配度和后续发展动力上，成都市政府的合作意愿不会太高。此时合作双方在主观博弈上表现为一方积极主动寻求合作，而另一方消极配合的局面。

随着飞地经济模式不断演变和发展，从第二、第三阶段开始，各地区发现以行政手段为推动力的飞地经济模式实践并没有获得预期的效果，发达地区仅仅为了完成政治上的帮扶任务，合作意愿较低。同时，飞出地与飞入地之间的客观匹配程度也没有经过详细的评估与参考，而是盲目地进行“拉郎配”，导致合作缺乏可持续力。基于此，这一时期飞地经济的参与双方会选择更有利于自身发展的地域，如成本较低、产业匹配程度高、政策优惠更加明显的地区，两地政府的合作注重产业匹配、两地协调等客观因素。这一阶段合作双方所表现出来的主观博弈心态都为积极主动寻求合作机会，以此容易实现共赢的局面。

但是随着合作的不断深入，以市场的驱动来实现两地的合作，会让欠发达地区的资源过度消耗，环境承载力逐渐饱和，因为飞出地政府转移的企业多为“三高”企业。同时，部分欠发达地区在经历合作发展之后与发达地区的差距渐渐缩小，导致后期飞入地政府不愿意继续合作。典型案例为江阴—靖江工业园区的实践，合作双方在初期表现为积极主动，实现了较为成功的共赢局面。但是随着两地经济差距的缩小，后期所表现出来的局面是一方积极主动，而另一方消极配合，直接导致后期合作动力的不足。由此可以看出，飞地经济实践双方在决策的选择上是一个动态博弈状态，双方合作的意愿在积极主动与消极配合两者之间不断变化。

一、博弈主体

通过上述的论证可以发现，飞地经济模式的运用不仅要考虑双方在产业结构、产业匹配、协调度、匹配度的因素，还要顾及合作双方的主观意愿。如果客观上满足合作的需求，但是双方政府在主观意愿上没有达成一致，那么将会导致合作的破裂或者后续合作动力的缺失，因此对于飞入地政府、飞出地政府之间的博弈关系是本章需要重点论述的内容。

二、预期报酬与成本

飞地经济模式的运用是为了带动民族地区、欠发达地区经济发展，实现发达地区产业升级，最终实现两地的利益最大化，因此各个主体间的具体预期效益为包括如下。

（一）飞出地政府的预期报酬与成本

通常，飞出地政府作为较发达地区，需要将已经淘汰的产业进行置换，通过产业结构的调整获得而更多的发展空间及经济利润，将有限的土地资源创造出最大化的经济效益。所以通过与飞入地合作，飞出地政府的预期报酬为产业升级、调整产业结构，实现“腾笼换鸟”。对于飞出地政府的预期成本，则是可能流失的 GDP、税收、政绩及企业带来的规模效益。

（二）飞入地政府的预期报酬

民族地区、欠发达地区多为飞入地，通过双方的合作共建产业园区，将当地打造成为新的增长极，力图促进本区域的经济发展，最终利用扩散效益，带动整个大区域的经济社会发展。同时，共建飞地园区带来了先进的管理经验、人才技术，这些为民族地区的经济发展提供了可持续性。所以飞入地政府预期报酬为经济增长、技术学习、获得管理经验、增长极的扩散效益。对于飞入地的成本来说，引入的企业很可能带来环境的破坏、资源过度消耗、扩散效益小于回流效益。飞出地与飞入地收益成本见表 6–1。

表 6–1　飞出地与飞入地收益及成本

收益成本	飞出地政府	飞入地政府
预期报酬	产业升级、“腾笼换鸟”、经济收益、产业结构优化、品牌升级、合作分成的收益	经济收益、技术学习、经验汲取、人才引入、承接产业链中高端部分、加强自身建设、税收增加、就业增加、GDP 增加、市场拓展
预期成本	GDP 的流失、税收的流失、产业规模的改变政绩的影响、重新招商成本、结构性失业、摩擦性失业	资源的过度消耗、环境承载力加重、招商成本增加、税收优惠政策的成本、土地使用成本、土地转让金成本

三、策略选择

前文表述了博弈对象和预期收益后，接下来将对实现我国民族地区飞地经济过程中本地区利益最大化的策略展开研究。双方策略的选择结果取决于各自理性的决策，随着飞地经济持续的时间不同、合作双方经济差距的缩小、政策变化等因素的影响，双方的行为和作用都会影响最终的结果，表现为一种动态的演化博弈。发达地区政府与民族地区政府之间可以选择积极支持或者消极配合策略。不论是哪种选择，双方都是为了实现各自收益的最大化目标而做出的决定。

第二节 演化博弈模型假设与支付矩阵

考虑到演化博弈理论沿用了进化论优胜劣汰的基本观点来分析博弈各方决策的调整过程，较好地刻画了博弈各方通过不断试错的方法达到博弈均衡的过程，因此得到的结论能相对更为准确地刻画现实中决策者的选择。有大量现实案例证明，地方政府在发展区域经济的时候，其最终经济政策的出台是基于各地政府之间相互调研、学习和创新等过程来实现的，从较长的时间视角来看政府决策是一个动态的过程。

基于上述考虑，本书假设参与博弈的主体均为有限理性，此假设源于现实中无论是政府还是其他组织的决策并不是最优化的。演化博弈模型的参与主体本书假设为两类：第一类为飞地经济模式中产业飞出的地方政府（后文简称飞出地），用 1 表示；第二类为飞地经济模式中产业飞入的地方政府（后文简称飞入地），用 2 表示。飞出地政府在飞地经济模式中主要担任飞地经济收益的分享者和部分成本承担者的角色，飞入地政府在飞地经济模式中主要承担飞地经济收益的分享者、飞地园区承载者及部分成本承担者的角色，博弈从两类主体中各选取一个作为代表。

一、博弈模型变量介绍

本书根据演化博弈模型的特点，并不考虑飞出地与飞入地决策的先后顺序，假设它们的决策同时进行。飞出地政府（编号为 1）可以使用财政补贴、协助融资、土地规划等政策手段积极支持飞地经济模式，也可能顾忌环保红线、产业发展潜力、市场竞争恶化等因素选择消极配合。飞入地政府（编号为 2）可以在财政补贴、协助融资、用地规划、人才补贴等政策方面积极支持飞地经济模式，也可能顾忌环保红线、产业发展潜力、市场竞争恶化等因素选择消极配合。

依据上述假设及演化博弈模型应用实践要求，现将模型涉及相关变量解释如下：

$R\geqslant 0$为飞地经济模式产生的收益，该收益由飞出地和飞入地按协商比例分享；

$\Delta R\geqslant 0$为博弈双方都选择同样的选择时产生飞地经济收益的增量，当双方都选择积极支持是增量为正，当双方都选择消极配合时候增量为$-\Delta R$；

$C_i\geqslant 0,(i=1,2)$为飞出地和飞入地为推行飞地经济模式产生的成本，当双方决策不一致时，此成本全部由积极支持的那方承担；

$a\geqslant 0$为飞出地政府从飞地经济模式收益中按协议分享的比例；

$0\leqslant x\leqslant 1$为飞出地政府选择积极支持策略的概率；

$0\leqslant y\leqslant 1$为飞入地政府选择积极支持策略的概率；

$\pi_i^{CC},(i=1,2)$为飞出地（1）选择积极支持飞地经济（C），飞入地（2）选择积极支持飞地经济（C）时的政府各自最终回报；

$\pi_i^{PC},(i=1,2)$为飞出地（1）选择消极配合飞地经济（P），飞入地（2）选择积极支持飞地经济（C）时的政府各自最终回报；

$\pi_i^{CP},(i=1,2)$为飞出地（1）选择积极支持飞地经济（C），飞入地（2）选择消极配合飞地经济（P）时的政府各自最终回报；

$\pi_i^{PP},(i=1,2)$为飞出地（1）选择消极配合飞地经济（P），飞入地（2）选择消极配合飞地经济（P）时的政府各自最终回报；

二、支付矩阵构建

在上述变量假设的基础上，接下来对飞出地和飞入地采取不同的飞地经济支持态度所得到的总收益进行分析。

情况一：当飞出地和飞入地政府都积极支持飞地经济模式时，飞地经济创造的收益为$R+\Delta R$，此收益按照已有政策分享收益例如，《丽江市人民政府关于推动园区飞地经济发展的实施意见》中明确提到，双方由统计、财税等有关部门参照合作各方议定比例进行分成，非税收入和政府性基金收入归项目飞入地享有。按上述假设飞出地可分享$a(R+\Delta R)$，飞入地可分享$(1-a)(R+\Delta R)$。双方各自承担支持飞地经济所产生的成本C_i。在实际案例中，飞出地承担的成本C_1通常包括 GDP 的流失、税收的流失、产业规模的改变政绩的影响、重新招商的成本、结构性失业、摩擦性失业等。飞入地承担的成本C_2通常包含资源的过度消耗、环境承载力的加重、招商成本增加、税收优惠的成本、土地使用成本、土地使用金成本等。

情况二：当飞出地和飞入地政府都消极配合飞地经济模式时，飞地经济创造的收益为$R-\Delta R$，双方按照之前约定的比例分享收益，但是由于消极的配合使得这一收益减少，按上述假设飞出地可分享$a(R-\Delta R)$，飞入地可分享$(1-a)(R-\Delta R)$。双方各自承担支持飞地经济所产生的成本C_i，在实际案例中，飞出地承担的成本C_1与飞入地承担的成本C_2通常包含两地废弃的厂房、基础设施投资的沉没成本等。

情况三：当飞出地政府积极支持飞地经济而飞入地政府选择消极配合时，飞地经济创造的收益为R，但是缺少了合作的收益增量，包括上级政府奖励等。双方按照约定的比例分享收益，按上述假设飞出地可分享aR，飞入地可分享$(1-a)R$。做出积极支持决策的飞出地政府独资承担支持飞地经济所产生的成本C_1+C_2，消极配合的飞入地政府此时假设不承担任何成本。

情况四：当飞出地政府积极消极配合飞地经济而飞入地政府选择积极支持时，飞地经济创造的收益为R，但是缺少了合作的收益增量，包括上级政府奖励等。双方按照约定的比例分享收益，按上述假设飞出地可分享aR，飞入地可分享$(1-a)R$。做出积极支持决策的飞入地政府独资承担支持飞地经济所产生的成本C_1+C_2，消极配合的飞出地政府此时假设不承担任何成本。

基于上述分析，将飞出地和飞入地政府做出不同决策的支付归纳为表 6–2 所列的支付矩阵。

表 6-2　飞地经济模式政府间演化博弈支付矩阵

	飞出地政府（1）		
	决策类型	C积极支持（x）	P消极配合（1−x）
飞入地政府（2）	C 积极支持（y）	$\pi_1^{CC}=a(R+\Delta R)-C_1$ $\pi_2^{CC}=(1-a)(R+\Delta R)-C_2$	$\pi_1^{PC}=aR$ $\pi_2^{PC}=(1-a)R-(C_1+C_2)$
	P 消极配合（1−y）	$\pi_1^{CP}=aR-(C_1+C_2)$ $\pi_2^{CP}=(1-a)R$	$\pi_1^{PP}=a(R-\Delta R)-C_1$ $\pi_2^{PP}=(1-a)(R-\Delta R)-C_2$

第三节　演化博弈模型求解过程

在发展飞地经济的过程中，飞出地与飞入地两地政府的相关政策会相互影响，最终共同决定博弈过程的演化方向。根据经典经济学原理的理性经济人基本假设，无论是飞出地政府还是飞入地政府是否积极支持飞地经济模式的主要目标都是基于自身最终回报最大化。基于上述假设，本节将构建两地政府的支付函数，对参与博弈的双方进行适应度分析，结合演化博弈模型求解规律求解复制动态方程，最终找到飞出地和飞入地政府的演化稳定策略。

一、飞出地政府的最终回报分析及演化稳定策略

假设飞出地政府积极支持飞地经济模式的期望回报为 U_1^C，则根据表 6-2 的支付矩阵可得：

$$U_1^C=y\pi_1^{CC}+(1-y)\pi_1^{CP} \tag{6-1}$$

假设飞出地政府消极配合飞地经济模式的期望回报为 U_1^P，则根据表 6-2 的支付矩阵可得：

$$U_1^P = y\pi_1^{PC} + (1-y)\pi_1^{PP} \quad (6\text{–}2)$$

由式（6–1）、式（6–2）可得飞出地政府采取积极支持和消极配合两种决策的平均期望 $\overline{U_1}$ 为

$$\overline{U_1} = xU_1^C + (1-x)U_1^P \quad (6\text{–}3)$$

基于上述结论可以构建飞出地政府的复制动态方程$F(X)$如下：

$$F(X) = \frac{dx}{dt} = x(U_1^C - \overline{U_1}) = x(1-x)[a\Delta R - C_2 - y(C_1 - C_2)] \quad (6\text{–}4)$$

通过式（6–4）可知，当飞入地政府积极支持飞地经济发展的概率 $y = \dfrac{a\Delta R - C_2}{C_1 - C_2}$时，无论代表飞出地政府积极支持飞地经济的概率$0 \leqslant x \leqslant 1$取值为多少，复制动态方程$F(X)=0$一直成立，此时飞出地政府的策略选择过程都处于稳定状态。

当$y \neq \dfrac{a\Delta R - C_2}{C_1 - C_2}$时，代表飞出地政府积极支持飞地经济的概率$x=0$ 或 $x=1$时，复制动态方程$F(X)=0$也成立，此时可以确认的是在$x=0$或$x=1$时能获得稳定状态。

为进一步确定达到稳定状态时候的飞出地政府策略，对复制动态方程$F(X)$求一阶导数，得到如下结果：

$$F'(X) = (1-2x)[a\Delta R - C_2 - y(C_1 - C_2)] \quad (6\text{–}5)$$

现根据飞入地政府积极支持的概率 y 的不同取值范围讨论飞出地政府的稳定策略。

（1）当$y < \dfrac{a\Delta R - C_2}{C_1 - C_2}$时候，显然有$[a\Delta R - C_2 - y(C_1 - C_2)] > 0$，此时的复制动态方程的一阶导函数$F'(X)$有如下取值规律：

$$F'(X)\begin{cases} >0, x=0 \\ <0, x=1 \end{cases} \quad (6\text{–}6)$$

由式（6–6）结论可知，此情况下$x=1$为演化稳定点，这就意味着此时飞出地政府发展飞地经济的稳定策略为积极支持。

（2）当$y > \frac{a\Delta R - C_2}{C_1 - C_2}$时候，显然有$[a\Delta R - C_2 - y(C_1 - C_2)] < 0$，此时的复制动态方程的一阶导函数$F'(X)$有如下取值规律：

$$F'(X)\begin{cases} < 0, x = 0 \\ > 0, x = 1 \end{cases} \quad (6\text{–}7)$$

由式（6–7）结论可知，此情况下$x = 0$为演化稳定点，这就意味着此时飞出地政府发展飞地经济的稳定策略为消极配合。

二、飞入地政府的最终回报分析及演化稳定策略

假设飞入地政府积极支持飞地经济模式的期望回报为U_2^C，则根据表6–1的支付矩阵可得：

$$U_2^C = x\pi_2^{CC} + (1 - x)\pi_2^{PC} \quad (6\text{–}8)$$

假设入出地政府消极配合飞地经济模式的期望回报为U_2^P，则根据表6–1的支付矩阵可得：

$$U_2^P = x\pi_2^{CP} + (1 - x)\pi_2^{PP} \quad (6\text{–}9)$$

由式（6–8）、式（6–9）可得飞入地政府采取积极支持和消极配合两种决策的平均期望$\overline{U_2}$为

$$\overline{U_2} = yU_2^C + (1 - y)U_2^P \quad (6\text{–}10)$$

基于上述结论可以构建飞入地政府的复制动态方程$F(Y)$如下：

$$F(Y) = \frac{dy}{dt} = y(U_2^C - \overline{U_2}) = y(1 - y)[(1 - a)\Delta R - C_1 - x(C_2 - C_1)] \quad (6\text{–}11)$$

通过式（6–11）可知，当飞出地政府积极支持飞地经济发展的概率$x = \frac{(1 - a)\Delta R - C_1}{C_2 - C_1}$时，无论代表飞入地政府积极支持飞地经济的概率$0 \leqslant y \leqslant 1$取值为多少，复制动态方程$F(Y) = 0$一直成立，此时飞入地政府的策略选择过程都处于稳定状态。

当$x \neq \frac{(1 - a)\Delta R - C_1}{C_2 - C_1}$时，代表飞入地政府积极支持飞地经济的概率$y$=0或

y=1 取值为 0 或者 1 时，复制动态方程$F(Y)=0$也能成立，此时可以确认的是在$y=0$或$y=1$时能获得稳定状态。

为进一步确定达到稳定状态时候的飞出地政府策略，对复制动态方程$F(Y)$求一阶导数，得到如下结果：

$$F'(Y)=(1-2y)[(1-a)\Delta R-C_1-x(C_2-C_1)] \tag{6-12}$$

现根据飞入地政府积极支持的概率 y 的不同取值范围讨论飞出地政府的稳定策略。

（1）当$x<\dfrac{(1-a)\Delta R-C_1}{C_2-C_1}$时候，显然有$[(1-a)\Delta R-C_1-x(C_2-C_1)]>0$，此时的复制动态方程的一阶导函数$F'(Y)$有如下取值规律：

$$F'(Y)\begin{cases}>0, y=0\\<0, y=1\end{cases} \tag{6-13}$$

由式（6–13）结论可知，此情况下$y=1$为演化稳定点，这就意味着此时飞入地政府发展飞地经济的稳定策略为积极支持。

（2）当$x>\dfrac{(1-a)\Delta R-C_1}{C_2-C_1}$时候，显然有$[(1-a)\Delta R-C_1-x(C_2-C_1)]<0$，此时的复制动态方程的一阶导函数$F'(Y)$有如下取值规律：

$$F'(Y)\begin{cases}<0, y=0\\>0, y=1\end{cases} \tag{6-14}$$

由式（6–14）结论可知，此情况下$y=0$为演化稳定点，这就意味着此时飞入地政府发展飞地经济的稳定策略为消极配合。

三、演化过程的稳定性分析

前文分别针对飞出地和飞入地政府对发展飞地经济的最终回报及稳定策略进行了分析，接下来将结合雅各比矩阵对此演化博弈的平衡点的稳定性进行分析。

首先结合式（6–4）、式（6–11）构建复制动态方程组如下：

$$\begin{cases} F(X) = x(1-x)[a\Delta R - C_2 - y(C_1 - C_2)] = 0 \\ F(Y) = y(1-y)[(1-a)\Delta R - C_1 - x(C_2 - C_1)] = 0 \end{cases} \tag{6-15}$$

求解方程组的时候面临如下两种可能性：

（1）当$x=0$或者 1，同时$y=0$或者 1 的时候，也就是在（0,0）、（0,1）（1，0）、（1，1）四个点处方程式（6–14）都成立，这四个点都是系统的平衡点。

（2）当 x、y 的取值范围在（0，1）之间的时候，通过对式（6–14）的求解可以得出在点$(\frac{(1-a)\Delta R - C_1}{C_2 - C_1}, \frac{a\Delta R - C_2}{C_1 - C_2})$处，$x$、$y$ 取其他值的时候方程式（6–14）也能成立。此时点$(\frac{(1-a)\Delta R - C_1}{C_2 - C_1}, \frac{a\Delta R - C_2}{C_1 - C_2})$为系统的平衡点。

根据经典的演化博弈模型求解思路，对于一个用微分方程来刻画的演化博弈，分析其已有均衡点的稳定性情况可以使用雅各比矩阵的局部稳定性情况来判断。

根据式（6–14），可得此系统的雅各比矩阵 A 为

$$A = \begin{bmatrix} (1-2x)[a\Delta R - C_2 - y(C_1 - C_2)] & x(1-x)(C_1 - C_2) \\ y(1-y)(C_2 - C_1) & (1-2y)[(1-a)\Delta R - C_1 - x(C_2 - C_1)] \end{bmatrix} \tag{6-16}$$

根据式（6–16）进行各平衡点的稳定性分析，结果见表 6–3。

表 6–3　基于雅各比矩阵的局部稳定性分析结果

均衡点	A的行列式	Tr（A）	符号	是否是ESS
$x=1$，$y=0$	$(C_2 - a\Delta R)[(1-a)\Delta R - C_2]$	$(1-2a)\Delta R$	同号	否
$x=0$，$y=1$	$(a\Delta R - C_1)[C_1 - (1-a)\Delta R]$	$(2a-1)\Delta R$	同号	否
$x=0$，$y=0$	$(a\Delta R - C_2)[(1-a)\Delta R - C_1]$	$\Delta R - (C_1 + C_2)$	反号	是
$x=1$，$y=1$	$(C_1 - a\Delta R)[C_2 - (1-a)\Delta R]$	$(C_1 + C_2) - \Delta R$	反号	是
$x = \frac{(1-a)\Delta R - C_1}{C_2 - C_1}$ $y = \frac{a\Delta R - C_2}{C_1 - C_2}$	—	0	—	鞍点

注：数据结果由作者计算。

由表 6-3 可以得出本节演化博弈模型的求解结果，本章博弈的两个 ESS（稳定策略）为$x=0,y=0$和$x=1,y=1$，而$x=1,y=0$和$x=0,y=1$均为不稳定平衡点，点$x=\frac{(1-a)\Delta R-C_1}{C_2-C_1},y=\frac{a\Delta R-C_2}{C_1-C_2}$为鞍点。

第四节　飞地经济的城际博弈分析

由前文演化博弈结论，结合雅各比矩阵局部稳定性分析结果，可以在城际博弈决策的演化相位图中将博弈的两个 ESS（稳定策略）$x=0,y=0$ 和 $x=1,y=1$，以及不稳定平衡点 $x=1,y=0$ 和 $x=0,y=1$，鞍点 $x=\frac{(1-a)\Delta R-C_1}{C_2-C_1},y=\frac{a\Delta R-C_2}{C_1-C_2}$表示为图 6-1 所示的飞出地和飞入地政府博弈策略的动态演化。

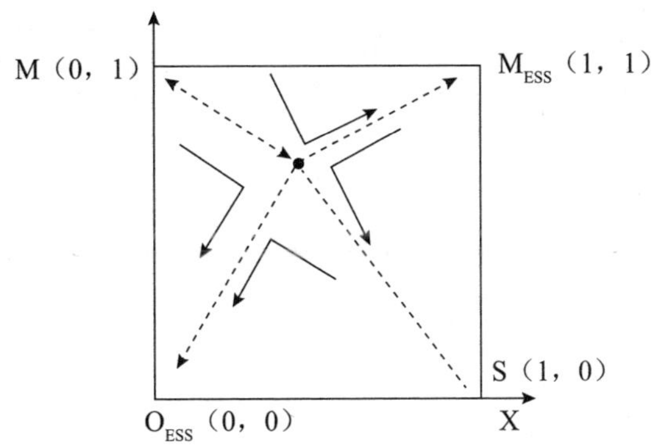

图 6-1　政府间博弈策略演化图

根据前文所述支付矩阵、演化博弈结论及图 6-1 所展示的结论可知：

情况一：当同时满足以下两种情况时，即双方都采取“积极支持”时候的收益大于当飞出地采取“积极支持”策略、飞入地采取“消极配合”时收益；双方都采取“积极支持”时候的收益小于当飞出地采取“消极配合”策略、飞入地采取“积极支持”时收益。说明在飞地经济合作的过程中，无论飞入地采取哪一种策略，飞出地只要选择“积极支持”策略的收益总是超过选择“消极配合”策略的收益。这种情况主要表现在飞地经济的产业转移模式，珠三角、长三角地区在面临生产成本过高和产业结构不合理的双重压力下，必须思考怎样才能实现经济的增长及产业结构的优化。

以 2006 年香港锦艺集团在郑州投资的“国际轻纺城”为例（双方预期报酬与成本见表 6–4）。面对当时国际经济环境的严峻形势，沿海地区的纺织业面临着产业结构调整和梯度转移的客观需求，加上内地许多政府的政策优惠的吸引，该集团通过产业重组、战略调整等方式与郑州 3 家国有纺织厂合作，实现产业转移目标。作为飞出地的香港锦艺集团采取合作的方式，与河南省郑州市进行对接合作，通过利用政策的优惠性、当地资源的充足性、地理位置的优越性、产业人才的成熟性等优势，实现了大规模的并购调整，投产建成大规模的纺织企业。不仅如此，飞出地除了进行产业的转移、产能的扩张之外，还结合当地服装发展情况进行了品牌升级和品牌推动，在基础设施、产业配套、公共服务等条件上都日趋完善。对于飞入地来说，管理模式、资本优势、先进技术得到了推广，为当地发展创造了机遇。

表 6–4　双方预期报酬与预期成本

合作主体	预期报酬	预期成本
香港特区政府	产业升级 产业结构优化 品牌升级 合作分成的收益	部分税收 GDP 的流失 重新招商成本 结构性失业 摩擦性失业
郑州市人民政府	经济增长 税收增加 就业增加 GDP 增加产业 市场拓展 资源 技术、经验学习 扩散效益	资源过度消耗 环境承载力加重 招商成本增加 税收优惠政策的成本 土地使用成本 土地转让金成本

续 表

合作主体	预期报酬	预期成本
锦艺集团	节约成本 经营成本降低 土地成本降低 劳动力成本降低 经济收益及政策优势	交易成本增加 变动成本增加 培训员工成本增加 文化震撼带来的不适应

另一个参考案例为成都—阿坝州工业园。成都—阿坝工业园区是成都市与阿坝州合作打造的全国唯一的地震灾后异地重建产业园区，作为合作共建的民族飞地工业园区，肩负着支持阿坝州产业重建、支持民族地区经济社会发展、促进藏区和谐稳定的重要使命。要想改变这一现实困境，必须通过飞地经济模式实现跨越式发展，因此作为飞出地的阿坝州人民政府，在策略的选择上不需要考虑飞入地成都市金堂县的选择，即阿坝州选择合作的收益总是大于选择竞争的。实践证明这种策略也是成功的。成都—阿坝州工业园主要收益见表6–5。

表 6–5 2020 年成都—阿坝州工业园主要收益

新增规模以上工业企业	12户
工业总产值	93.48 亿元
工业增加值	15.98 亿元
税收	3.2 亿元
当年签约项目	12 个
当年协议投资	57.1 亿元
当年固定资产投资	35.06 亿元

因此，从上述两个案例演化博弈结果可以推出，有限理性的飞出地政府在经过长期的反复博弈之后趋向于采取“积极支持”的策略。这种策略选择往往出现在飞地经济模式合作的初期阶段。

情况二：当同时满足以下两种情况时，即合作双方在博弈过程中，无论飞出地还是飞入地选择“积极支持”策略时候，另一方采取“积极支持”的策略收益总有高于采取“消极配合”的策略；无论飞入地还是飞出地选择“消极配合”策略时，另一方选择“消极配合”策略时的收益总是高于选择“积极支持”时的收益。这种博弈的策略选择可以说明，飞地经济在合作过程中，飞出地政府在选择策略时会根据飞入地政府策略而做出选择，即飞入地政府选择合作，那么飞出地政府也会选择合作，如果飞入地政府选择竞争，飞出地政府也会选择竞争。同样，飞入地政府的决策也是根据飞出地政府的策略做出选择，即飞出地政府选择合作，那么飞入地政府也选择合作，如果飞出地政府选择竞争，那么飞入地政府也选择竞争，从而使得自己利益的最优化。

典型案例有江苏—靖江工业园与宁波鄞景开发区。

江苏—靖江工业园成立于 2003 年，旨在解决江阴市发展缺乏土地，靖江发展缓慢问题。园区建设在靖江市，总规划 45 平方千米，江阴、靖江两地按照 9:1 的比例出资成立运行公司，经济事务权由江阴市负责，靖江市则承担社会管理事务。合作双方协商规定 10 年内不从园区抽取收益，10 年之后双方按照比例进行分成。截至 2013 年，园区实现 GDP 达 116 亿元，财政收入达 24 亿元。此时，两地在演化博弈的选择策略上都倾向于“积极支持”，江阴市为了突破发展的土地瓶颈和解决生产成本上升等问题，愿意积极采取“积极支持”策略与靖江市共同开发，而靖江市作为当时的欠发达地区，为了实现经济的发展，也主动提供充足的劳动力和部分土地与江阴市进行合作。但是随着 2013 年第一个 10 年合作期限的结束，两地在后续的合作策略上有了分歧，主要表现在双方从“积极支持”策略转变为“消极配合”策略。最初靖江市处于相对落后一方，通过第 10 年的发展，两地的经济实力有所缩小，过去那种稳定的相互合作模式逐渐变为互相竞争。靖江市过去需要依靠江阴市发展的一些产业，现在可以独自承担，如果继续选择合作，将会面临利益的流失。而江阴市也意识到这一点，通过主动竞争加大自身利益的获取，从而导致园区后续的发展动力缺失。从 2010 年开始园区进入了发展缓慢的阶段，2014 年开始园区各项发展指标开始下降，各项任务完成率在 10% 左右，与其他园区相比工业总产值远远落后；园区后续设施建设滞后，土地开发强度降低与开发的不均衡问题显现出来；在产业发展方面，产业层次较低，发展表现为粗放型，与最初的定位有差距。双方各时期经济指标如图 6–2 所示。

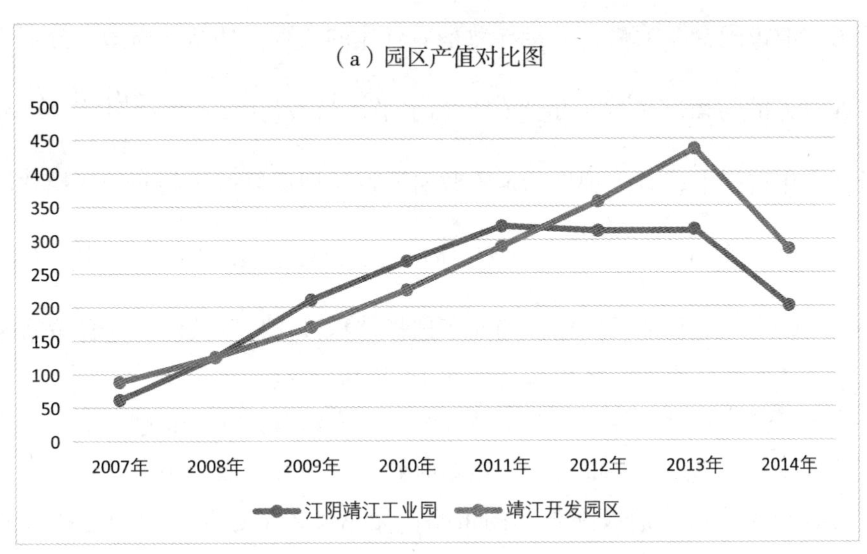

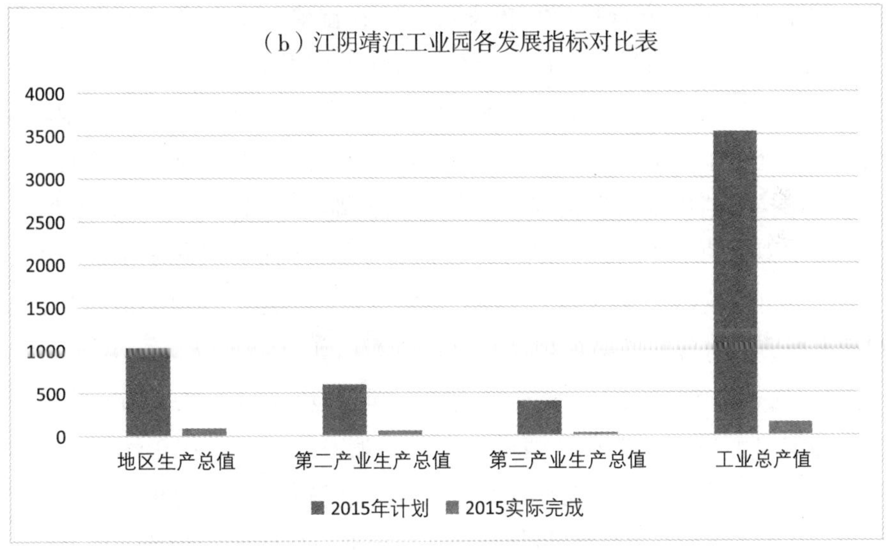

图 6–2　江阴—靖江工业园各时期指标

宁波鄞景开发区作为景宁民族地区选在宁波建立园区发展的典型案例，与成阿工业园、丽景工业园较为相似，但是在模式运行与策略的选择上有所不用。景宁与宁波的合作通过宁波鄞景开发区实现，双方在早期选择“积极支持”的策略，在初期为景宁的发展提供了有利帮助。但是随着“托管式”运行模式弊端的出现，在后期宁波选择直接通过财政转移的方式给予景宁合作分成，而缺乏一定管辖权的景宁方面也逐渐失去主动权，最初“积极支持”策略演变为“消极配合”策略，直接导致最后合作的失败。从博弈模型来分析，此时博弈双方的均衡结果取决于X的最初水平，当最初$0<x<\frac{(1-a)\Delta R-C_1}{C_2-C_1}$在飞地经济合作过程中，有限理性的地方政府通过长期反复博弈趋向于选择“消极配合”策略。而当$\frac{(1-a)\Delta R-C_1}{C_2-C_1}<x<1$时，在飞地经济的合作过程中，有限理性的地方政府通过长期反复博弈趋向于选择“积极支持”策略。这种策略变化的选择往往出现在飞地经济模式合作的中期阶段。

情况三：当同时满足以下两个情况时，即合作双方在博弈过程中，无论飞出地还是飞入地选择“积极支持”策略时候，另一方采取“积极支持”的策略收益总有小于采取“消极配合”的策略；无论飞入地还是飞出地选择“消极配合”策略时，另一方选择“积极支持”的收益要大于选择“消极配合”的收益。从这一策略分析得出，在飞地经济合作的过程中，飞出地政府会根据飞出的企业性质及带来的经济贡献来区分对待。如果某一企业对于飞出地政府经济发展具有重要作用，那么飞出地政府会最大限度地挽留企业，阻止它进行转移，从而选择“消极配合”的策略。但是如果即将飞出的企业是资源消耗大、具有一定污染性的企业的话，在面对本地劳动力成本上升及环境承载力不足的情况下，飞出地政府会更倾向于选择“积极支持”策略，使得类似的企业尽快飞到成本低廉且有优惠政策的地区。

情况四：当同时满足以下两个情况时，即飞地经济双方在合作过程中无论选择何种策略，另一方选择“消极配合”的策略收益总是优于选择“积极支持”策略的。这种情况说明在飞地经济的合作过程中，从信息的获取渠道是不均等的。对于飞出地而言，它清楚当地各个企业发展情况及性质。而对于飞入地来说，它不清楚飞入企业的具体情况，或者说对飞入企业详细的发展状况不够了解，但是无论是何种类型的企业飞入转出，都会给飞入地带来经济效益，所以飞入地接受任何一种企业的迁入。

从情况三和情况四分析来看，飞出地更多代表了较为发达地区，飞入地则更多代表欠发达地区的情况。为了更好地说明这两种情况的实践，下面选取几个案例进行分析与研究。

1. 以东部地区为例。福建省宁德与南平都是欠发达地区，为了获得更好的发展选择与温州及其他发达地区合作，承接部分企业入驻当地，从合作项目、基建投资、开发土地面积、投资总额、工业产值等方面都取得较大效益。但是根据博弈模型的结果，双方在企业信息的了解程度上存在差异，飞入地接收的企业产业竞争力不足，主要以劳动密集型和资源加工为主，规模小、技术含量低，这就说明了作为发达地区将这些不利于当地发展的企业转出，留下了高科技和具有竞争力的产业。飞入地对于这类入驻企业的性质及情况了解较少，直接导致了后续发展动力的不足。

2. 以珠三角地区为例。广东省在早期就提出了“双转移”策略，将粤东西北地区作为主要的飞入地。从 2003 年开始，广州、深圳等 5 个较发达地区与韶关、梅州、河源等 9 个欠发达地区和其他广东省地级市共建各种承接园区、合作园区、飞地园区。根据博弈结果及实践情况来看，这样的重复建设造成了产能的过剩，更明显的是承接的产业技术含量低、开发能力弱，与当时广东省提出的“新型化”工业发展路径背道而驰。

3. 以民族地区作为飞入地的产业承接。不能否认的是，作为飞入地的民族地区在承接了发达地区的产业之后，在工业经济增速、利用投资效率等方面都有了较大增长，扩散效益和溢出效益得到了一定程度的释放。但是仍然面临引入企业规模小、质量差、关联性较弱、产业结构单一等问题。由于科技含量低，多数企业依赖以资源为生产要素，发展资源密集型产业，造成深加工能力不足，附加值较低。以大龙石阡产业园为例，入驻企业创新能力不够，势必造成空间上无法形成集聚效应，基础设施的不完善使得发展环境无法满足高端企业要求。大龙石阡产业园主要企业多为初级加工企业，如摩托车拼装、纸板加工企业等等。

通过以上四种情况的演化博弈结果来看，如果双方没有针对当前合作实际情况进行分析与研究，那么飞地经济的合作实践在最后会演变成双方都选择“消极配合”的策略。从飞出地来看，企业的飞出肯定会影响本地经济的总量及发展，经济效益的下降使得当地政府给予更多的优惠政策来挽留企业。而飞入地作为欠发达地区，如果忽略引入产业带来的环境破坏问题，即使科技含量低、技术水平低、破坏生态，也能够在一定时间内促进经济的发展，因此飞入地会选择“消极配合”策略来获得更多的投资。双方基于博弈的视角下都选择“消极配合”策略之后，忽视了相互之间“积极支持”所带来的更大的经济效益和环境破坏的力度。这样的结果使得飞地经济在合作过程中存在失败及效果不理想的实践情况。

本章小结

通过飞地经济模式利益主体与博弈行为特征分析中可看出，飞地经济在实现的过程中，双方政府的主观因素对飞地经济模式能否成功起到了重要影响，除了前文论述的客观因素之外，两地政府的合作意识是飞地经济实现的一个驱动因素。要想避免因双方都采取“消极配合”而带来合作失败的结果，合作双方的两地政府就要采取以下应对措施：克服保守的地方保护主义观念，从协作共赢、多赢的角度思考两地的发展，最终实现“集体理性”和资源的最佳配置，避免无序的竞争而落入“囚徒困境”中；树立“服务型”政府，制定科学的经济发展考核标准及政绩的考核指标；摒弃过去以 GDP 为主要指标的评价方式，避免因“政策倾销”带来发展的不可持续性；构建协调合作的机制，构建一套符合区域之间发展的决策机构及议事机构，带动产业的良性发展，避免恶性竞争带来的问题。因此，飞地经济合作两地的政府需要构建一种以制度机制为核心的合作形式，加强彼此之间的交流与协作，将共赢的理念植入到飞地经济的运用过程中。

第七章　我国民族地区飞地经济综合评价体系研究
——基于四川民族地区的实证分析

第一节　我国民族地区飞地经济综合评价指标体系的构建

前文论述过，影响飞地经济模式良好运行的因素包括主客观方面。其中，客观因素包括合作城市之间及双方产业结构是否匹配、资源是否互补、发展阶段是否能够衔接、承载力与产业承接能力是否匹配等，将这些因素通过科学的方法进行客观的评估与分析，可以减少合作失败的可能性。本章将构建我国民族地区飞地经济综合评价指标体系，分别包括合作城市选择指标体系和产业选择指标体系。

城市选择指标体系旨在双方合作之前进行科学的评估，确定合作双方的经济发展水平、产业结构的相似性、生产成本的可接受性、社会保障体系是否匹配及两地民族交融性程度，从而计算出飞入地和飞出地的城市选择。而飞地经济模式最终的落地是产业的选择，合作双方不仅要在前期评估优先与哪一个城市开展飞地经济模式的合作，还要具体针对合作的产业方向进行评估，从而找到与之更适合的产业发展城市。

我国民族地区飞地经济的指标体系构建是一个复杂的过程，评价指标体系的构建需要考虑不同的影响因素。

一、飞地经济合作城市评价指标体系的构建

（一）经济发展基础评价指标体系构建

经济发展基础因素是“飞出地”和“飞入地”实现合作的基本条件，这些因素一般客观存在，不容易改变，具有相对的稳定性，双方在短期都很难改变这些因素。通过我国飞地经济实践的情况及效果分析，这些因素主要包括两个区域的经济发展水平、地理位置、交通条件、空间距离、自然资源特征等。

通常认为两个地区的地理位置和空间距离是影响合作效果的因素，早期飞地经济的实践多是以省域内的合作实现，因为如果两地距离跨度太大，实践的成本就会过高，最终导致合作的可持续性较差，所以一般认为飞地经济的合作双方在空间距离上不应太远。但是随着各个地区交通条件的改善，跨省域的飞地经济合作实践也越来越多，因此，距离因素就变成一个非决定性因素。

从交通条件的角度来分析，过去飞地经济的实践多数在省域内合作，其中重要原因是交通系统的不发达，如果合作的双方在省域内开展，那么交通条件所带来的合作成本就较低，合作的成功率也相对较高。但是如果想要跨省开展飞地经济的实践，交通条件带来的合作成本将会大幅度上升，最终导致合作有可能失败。随着当前我国交通系统的不断升级及改造，各个省域之间的交通便捷程度也随之提升，跨省飞地经济的合作也不断出现。因此两地交通条件也是需要考虑的一个因素。交通便捷因素的衡量多为公路、铁路、水路、空路，指标的选取可以是铁路密度、公路密度等。

（二）产业结构评价指标体系构建

在满足了客观的基础条件之后，飞地经济的实践还需要考虑经济产业结构的因素，这也是飞地经济运行的重要内容，其目的是更好地匹配两地的产业发展相似度。因此，这一因素主要考虑经济结构、产业结构、资源禀赋等。

首先，从经济结构的角度来分析，飞地经济是两地合作的结果，实际合作的内容就是两个地区经济的共赢，飞地经济的落地实践并不是随便完成的，而是必须建立在两地拥有较强的经济联系和经济结构相似性的基础上。早期飞地经济经历了“拉郎配”的阶段，没有按照经济发展规律而采取的硬性合作方式，最终的结果自然是两地飞地经济实践的失败。

其次，从产业因素的角度来分析，它涉及的内容包括产业转移、产业结构相似、产业集聚、产业布局等。早期飞地经济的模式被称为产业转移型，主要指发达地区将自己的产业转移到民族地区或欠发达地区，从而实现产业结构的升级与更新。但是产业转移的承接地也不是随便决定的，两地产业是否具有相似性、产业结构是否相匹配都是需要考虑的因素。东部发达地区的产业转移到中西部地区就是产业转移型飞地经济的实践。

最后，从资源禀赋的角度来分析，主要强调两地所拥有的比较优势的互补性。飞地经济双方在合作之前就要考虑双方的比较优势。通常情况下，飞出地作为发达地区拥有较好的资金优势、管理经验和人才优势，飞入地作为欠发达地区拥有较低劳动力成本和资源优势，两地在比较优势互补和产业结构等因素相匹配的情况下，最终实现飞地经济的运作。

（三）生产成本评价指标体系构建

飞地经济是两地跨区域的合作，势必存在相应的合作成本，如果获得的收益大于这些成本的支出，那么合作是有利可图且存在共赢的可能性。通常情况下需要考虑的因素主要包括一般成本（如土地成本、劳动力成本、人力成本、交通运输成本、环境成本等）、飞入地或飞出地 GDP 流失成本、合作收益等。

通常情况下，以发达地区作为飞出地为例，首先为了实现产业可持续发展，飞出地通常寻找成本更低的地区，一般成本所包含的内容就需要被考虑进去。其次，飞出地政府需要考虑企业离开之后所带来的税收流失、GDP 的流失因素，如果合作的收益不足以带来更多的收益，那么飞出行为可能会被终止。从飞入地来分析，环境承载力与土地的利用需要考虑的成本因素，飞入地企业会占用更多当地的土地资源，而环境承载力也会随着上升，合作的收益大于这些成本的支出才有合作的机会。最后，当地政府 GDP 和税收的减少也是需要考虑的。如果选择独自开发，那么不需要进行利益的分配，各方面的收益可能会更高，因此是否合作也要考虑飞入地政府的行为选择。

（四）社会公共服务保障评价指标体系构建

可持续保障因素也称为社会保障因素，是飞出地企业能够长期存在的保障因素，也是合作可持续发展能力的参考条件。通常情况下，飞地经济的合作时间都比较长，多数园区合作时间为 10 年左右，那么飞出地的企业来到飞入地，当地的社会保障因素是否完备决定了飞地经济后续能力的关键。社会保障的条件一般包括当地的医疗条件、物价指数、高校数量等。

飞出地企业来到相对陌生环境后，长时间的驻扎在此，需要考虑的方面包括：一是生活问题。除了考虑工资之外，如医疗体系的完备程度、消费环境、户籍制度等也是吸引他们的因素之一，如果当地是足够包容的地区，那么飞地经济合作将会更加容易实现。二是当地教育系统，飞出地企业带来的员工子女如果面临入学问题，那么这些因素也是需要被考虑进去的。三是当地人才储备能力这一点很重要，如果飞入地缺乏留住人才的机制，导致大量人才流失，那么飞出地企业的进入就失去的重要的发展条件，所以科研能力等因素对于飞地经济的实践也很重要。

（五）民族交融度评价指标体系构建

民族交融度指标体系包括民族交融性和人口多元性。民族交融是各个民族经过长期交往交流形成的稳定状态和过程。[①] 民族交往、交流、交融是民族之间“和而不同、多远互补”的发展现象，交融是各民族尊重差异，包容多样的民族交往过程的体现[②]，我国民族地区发展飞地经济模式应当考虑两地的民族交流、交往、和交融因素。人口多元性代表了城市的包容性程度，更高的包容性能够提高民族交融度，从而更加有利于民族地区与其他城市（区域）开展飞地经济合作，用少数民族年末户籍总人口占当地年末户籍总人口的比重表示人口多元性指标。

二、产业选择的指标体系构建

我国民族地区飞地经济产业选择的指标体系与影响因素与城市备选有所不同，包括以下三个方面。

（一）产业选择推动力度指标体系构建

产业结构相似系数是产业关联的重要条件，是当地选择某一产业进行合作的判断基础；产业梯度转移相对系数是对产业转移系数的拓展运用，通过计算两地产业梯度系数的比值得到，反映某一具体产业飞出或飞入的推动力。

（二）产业选择吸引力度指标体系构建

工业用地价格是两地开展飞地经济合作的成本因素之一，通过计算两地的比值得到相对系数；职工工资总额也是合作需要考虑的又一成本因素，计算两者比值得到相对系数；具体规模以上行业数量及居民消费价格指数反映了当地的产业发展水平及人民生活水平。

（三）民族地区环境约束指标体系构建

我国民族地区多处在生态脆弱区，相比于其他地区环境约束力更大，因此在构建产业选择指标体系时，需充分考虑我国民族地区生态环境的特殊性和重要性。其中，GPI 指污染物排放指数，以生活污水与二氧化硫（SO_2）作为主要参考指标，将指数与环境治理投资额进行对比计算得到具体行业的相关

① 韦民，米广弘，民族交往交流交融的历史与现实[N]，中国民族报，2012-07-20（6）.

② 彭谦，李晓婉，关于促进民族间交往交流交融的思考[J]，齐齐哈尔大学学报：哲学社会科学版，2015（11）：29-31.

比重。污染治理强度用环境污染投资治理费与当地 GDP 的进行对比计算得到比重。

根据以上分析分别得到我国民族地区飞地经济合作城市选择综合评价指标体系及产业选择综合指标体系，见表 7–1、表 7–2。

表 7–1　我国民族地区飞地经济合作城市选择综合评价指标体系

目标层	序号	变量层	指标方向	单位	指标含义
基础条件引力指标	1	GDP 密度	正	—	经济实力
	2	城镇化率	正	%	城镇化水平
	3	夏季平均气温	负	℃	气候条件
	4	人口密度	正	%	人口优势
	5	全年平均日照时间	正	小时	气候条件
	6	规上企业资产贡献率	正	%	经济规模
	7	公路密度	正	%	交通条件
	8	每万人拥有公里里程	正	千米	交通条件
经济结构引力指标	1	经济吸引力	正	—	城市吸引力
	2	产业结构相似度	正	—	产业关联
	3	就业结构相似度	正	—	就业关联
	4	税收结构相似度	正	—	税收关联
	5	区域经济联系强度	正	—	经济联系
生产成本引力指标	1	工业用地平均成交价	负	万	土地购买成本
	2	土地增值税占税收比重	负	%	土地使用成本
	3	全部单位人员平均工资	负	元	人力资源成本
	4	污水处理率	负	%	企业排污成本
	5	以公路测算两地距离	负	千米	交通运输成本

续　表

目标层	序号	变量层	指标方向	单位	指标含义
社会保障与政策引力指标	1	当年房价平均价格	负	万	职工住房保障
	2	失业率	负	%	职工社会保障
	3	社保和就业占 GDP 比重	正	%	职工社会保障
	4	医疗卫生支出占 GDP 比重	正	%	职工医疗保障
	5	教育支出占 GDP 比重	正	%	人才供给能力
民族交融度	1	民族交融性	正	—	民族交流程度 民族交往程度 民族交融程度
	2	人口多元性	正	%	民族和睦相处 民族和衷共济 民族和谐发展

表 7–2　我国民族地区飞地经济产业选择指标体系

目标层	序号	变量层	指标方向	单位	指标含义
产业选择推动力	1	产业结构相似系数	正	—	产业关联
	2	具体产业梯度转移相对系数	正	—	产业选择
产业选择吸引力	1	工业用地价格相对系数	正	%	用地成本
	2	当地工资总额相对系数	正	%	用工成本
	3	具体规模以上企业数量	正	个	产业规模
	4	居民消费价格指数	正	—	生活水平
民族地区环境约束	1	具体行业污水 GPI 占投资比重	负	%	环境约束力
	2	具体行业二氧化硫 GPI 占投资比重	负	%	环境约束力
	3	污染治理相对强度	正	%	环境约束力

第二节　基于 CRITIC 法指标权重及得分的确定方法

在第 5 章已经列举 CRITIC 法的公式及计算方法，这里不再赘述，下面对指标体系中的其他公式进行说明。

（1）经济吸引力计算公式为

$$G_{ab}=\frac{\alpha Q_a Q_b K_{ab}}{D^{\beta}} \tag{7-1}$$

式中，Q_a、Q_b分别为飞出地与飞入地的地区生产总值；D为空间距离；α为吸引力系数，取值 0.8；β为距离系数，取值为 1；K为产业结构相似系数。

（2）产业结构相似系数公式为

$$S_{ij}=\frac{\sum X_{in}\times X_{jn}}{\sqrt{\sum X_{in}^2\times\sum X_{jn}^2}} \tag{7-2}$$

式中，S_{ij}为产业结构相似系数；X_{in}为 n 产业在 i 地区产业结构中的比重；X_{jn}为 n 产业在 j 地区产业结构中的比重。

（3）税收结构相似系数计算公式为

$$S_{ij}=\frac{\sum X_{in}\times X_{jn}}{\sqrt{\sum X_{in}^2\times\sum X_{jn}^2}} \tag{7-3}$$

式中，X_{in}、X_{jn}为两地增值税、企业所得税、资源税三个税种收入占财政收入的比重。

（4）结业结构相似系数计算公式为

$$S_{ij}=\frac{\sum X_{in}\times X_{jn}}{\sqrt{\sum X_{in}^2\times\sum X_{jn}^2}} \tag{7-4}$$

式中，X_{in}、X_{jn}为两地按第一、三产业就业人员数占就业人员总数的比重。

（5）区域经济联系强度计算公式为

$$RERI_{ij}=\frac{\sqrt{P_i}G_j * \sqrt{P_i}G_j}{D_{ij}^2} \tag{7-5}$$

式中，P_i、P_j为i、j两地区人口数量；G_i、G_j为i、j地区生产总值业；D_{ij}为i、j两地区基于道路密度网最短距离。

（6）民族交融性

该项指标得分主要通过专家打分的方式获得，考虑到民族交融度指标的评价具有一定的主观性，因此本文选用专家打分的方式邀请专家根据备选城市当前民族交往性、交流性、交融性的程度给出专业的评价结果，最终获得民族交融性的分数。实际打分过程参照德尔菲法操作步骤实行。

第三节　基于 CRITIC-TOPSIS 的飞入地和飞出地城市及产业的确定方法

通常，加权 TOPSIS 法是将熵值法计算出来的权重作为依据，结合 TOPSIS 的计算方法得出排序结果，但是熵值法计算出来的权重无法体现指标波动性和相关性。而 CRITIC 法是基于评价指标的对比强度和指标之间的冲突性来综合衡量指标的客观权重，考虑指标变异性大小的同时兼顾指标之间的相关性，并非数字越大就说明越重要，完全利用数据自身的客观属性进行科学的评价。通过利用 CRITIC 计算得出的指标权重及得分，组合运用加权 TOPSIS 法能够更加客观及准确地反映结果，从而确定开展飞地经济的备选城市及产业排名情况。

TOPSIS 法，又称作最接近理想的排序法，属于多目标决策分析的一种方法，第一步确立正理想解和负理想解，第二步计算各个对象到正负理想解的距离，通常用 C 来表示，得到的结果同时最接近正理想解和最远离负理想解，则是最满意方案。正理想解与负理想解对应评价指标标准化后的最大值和最小值；这里我们用A^+表示正理想值，用A^-表示负理想值，这两个数值用于计算正理想距离D^+或负理想距离D^-值使用，本身并无太多意义。相对接近度 C 表示评价对象与最优方案的接近程度，该值越大说明越接近最优方案。具体计算步骤如下：

第一步，准备数据。计算 TOPSIS 的数据沿用上一节 CRITIC 法计算出来的权重，作为加权的依据，这样更能准确客观的赋权。

第二步，数据归一化处理解决量纲问题。这一步骤在上一节也已经计算出来，这里不展开论述。

第三步，分别计算评价对象与正理想解距离 D+ 或负理想解距离 D–。

$$D^{+} = \sqrt{\sum_{j=1}^{m} W_J * (A_J^{+} - data_{ij})^2} \quad (7\text{–}6)$$

式中，j为某个评价指标，m 表示评价指标个数（列数）；W_{j}为第 j 个指标的权重值；A_{j}^{+}为第 j 个指标最优方案数据，data_{ij}为某评价对象 i 第 j 个指标时对应数据。

$$D^{-} = \sqrt{\sum_{j=1}^{\mathrm{m}} W_j * (A_j^{-} - data_{ij})^2} \quad (7\text{–}7)$$

式中，j为某个评价指标；m 为评价指标个数（列数）；W_{j}为第 j 个指标的权重值；A_{j}^{+}表示第 j 个指标最劣方案数据；data_{ij}为某评价对象 i 第 j 个指标时对应数据。

第四步，结合距离值计算得出接近程序 C 值，并且进行排序，C 值越大，排名越靠前，得出结论。

$$C = \frac{D^{-}}{(D^{+} + D^{-})} \quad (7\text{–}8)$$

第四节　实证分析：以四川民族地区为例

一、飞地经济城市选择指标权重及得分

以 2019 年为例，其中数据来源于中国统计年鉴、四川省统计年鉴、成都市统计年鉴、武汉市统计年鉴、杭州市统计年鉴、深圳市统计年鉴、重庆市统

计年鉴，通过 CRITIC 法及相关指标计算公式，选取四川省内 18 个非民族市州及武汉、杭州、深圳、重庆 4 个外省城市作为四川民族地区开展飞地经济合作城市，计算出民族地区相对应指标权重和综合得分，为下一节合作城市排名分析做准备，其结果见表 7–3、表 7–4。

表 7–3　四川民族地区飞地经济综合评价指标权重

目标层	序号	变量层	指标方向	单位	指标含义	阿坝州对应指标权重	甘孜州对应指标权重	凉山州对应指标权重
基础条件引力指标	1	GDP 密度	正	—	经济实力	0.0315	0.0315	0.0317
	2	城镇化率	正	%	城镇化水平	0.0346	0.0359	0.0364
	3	夏季平均气温	负	℃	气候条件	0.0463	0.0459	0.0471
	4	人口密度	正	%	人口优势	0.0334	0.0334	0.0341
	5	全年平均日照时间	正	小时	气候条件	0.0332	0.0333	0.0331
	6	规上企业资产贡献率	正	%	经济规模	0.0468	0.0452	0.0439
	7	公路密度	正	%	交通条件	0.0397	0.0393	0.0386
	8	每万人拥有公里里程	正	千米	交通条件	0.0319	0.0318	0.032
经济结构引力指标	1	经济吸引力	正	—	城市吸引力	0.0303	0.0323	0.0308
	2	产业结构相似度	正	—	产业关联	0.0403	0.04	0.0544
	3	就业结构相似度	正	—	就业关联	0.0262	0.0479	0.0464
	4	税收结构相似度	正	—	税收关联	0.0504	0.0437	0.0393
	5	区域经济联系强度	正	—	经济联系	0.0289	0.0301	0.0286

续 表

目标层	序号	变量层	指标方向	单位	指标含义	阿坝州对应指标权重	甘孜州对应指标权重	凉山州对应指标权重
生产成本引力指标	1	工业用地平均成交价	负	万	土地购买成本	0.0324	0.0315	0.0308
	2	土地增值税占税收比重	负	%	土地使用成本	0.0642	0.0602	0.0579
	3	全部单位人员平均工资	负	元	人力资源成本	0.0452	0.0429	0.041
	4	污水处理率	负	%	企业排污成本	0.0338	0.033	0.0322
	5	以公路测算两地距离	负	公里	交通运输成本	0.0449	0.0416	0.0365
社会保障与政策引力指标	1	当年房价平均价格	负	万	职工住房保障	0.0363	0.0348	0.0335
	2	失业率	负	%	职工社会保障	0.0400	0.0413	0.0416
	3	就业吸纳率	正	%	就业保障	0.0332	0.0346	0.0356
	4	社保和就业占GDP比重	正	%	职工社会保障	0.0364	0.0384	0.0392
	5	医疗卫生支出占GDP比重	正	%	职工医疗保障	0.0435	0.0454	0.0467
	6	教育支出占GDP比重	正	—	人才供给能力	0.0423	0.0439	0.0454
民族交融度	1	民族交融性	正	—	民族交流、交往、交融程度	0.0263	0.0268	0.027
	2	人口多元性	正	—	民族和睦相处 民族和衷共济 民族和谐发展	0.0479	0.0352	0.0363

注：数据结果由作者计算。

表 7-4　2019 年四川民族地区对应各地区指标综合评价得分

阿坝州		甘孜州		凉山州	
城市	得分	城市	得分	城市	得分
成都市	0.499132733	成都市	0.46930526	成都市	0.45022981
自贡市	0.399058296	自贡市	0.40673863	自贡市	0.43297937
攀枝花市	0.358874577	攀枝花市	0.35444174	攀枝花市	0.35675228
泸州市	0.394883014	泸州市	0.42095714	泸州市	0.44492056
德阳市	0.420919818	德阳市	0.39805419	德阳市	0.38517315
绵阳市	0.433762630	绵阳市	0.40698343	绵阳市	0.40984490
广元市	0.439955070	广元市	0.43175414	广元市	0.43478923
遂宁市	0.433329396	遂宁市	0.43145430	遂宁市	0.42733996
内江市	0.426204519	内江市	0.42797772	内江市	0.43570583
乐山市	0.380985108	乐山市	0.38788360	乐山市	0.41065646
南充市	0.426633003	南充市	0.43563140	南充市	0.44535536
眉山市	0.388210072	眉山市	0.39866804	眉山市	0.40916708
宜宾市	0.366464615	宜宾市	0.39461823	宜宾市	0.40932255
广安市	0.375790427	广安市	0.43070394	广安市	0.44015128
达州市	0.375728377	达州市	0.39535655	达州市	0.39650897
雅安市	0.416473536	雅安市	0.42604990	雅安市	0.41251839
巴中市	0.438527413	巴中市	0.46138339	巴中市	0.45023737
资阳市	0.370624153	资阳市	0.42486976	资阳市	0.41898188
重庆市	0.581161922	武汉市	0.57971890	重庆市	0.57182002
武汉市	0.461050573	重庆市	0.42040290	武汉市	0.42285292
杭州市	0.470028300	杭州市	0.48458674	杭州市	0.43754787
深圳市	0.359309285	深圳市	0.35939215	深圳市	0.35004258

注：数据结果由作者计算。

二、飞入地和飞出地城市选择排名结果分析

根据 CRITIC–TOPSIS 计算方法得到如下排名结果，见表 7–5。

表 7–5　四川民族地区飞地经济城市选择排名结果

阿坝州			甘孜州			凉山州		
城市	相对接近度C	排名	城市	相对接近度C	排名	城市	相对接近度C	排名
成都市	0.364	4	成都市	0.356	4	成都市	0.358	4
自贡市	0.195	21	自贡市	0.199	22	自贡市	0.217	16
攀枝花市	0.313	6	攀枝花市	0.308	6	攀枝花市	0.323	6
泸州市	0.230	13	泸州市	0.236	9	泸州市	0.251	7
德阳市	0.255	7	德阳市	0.228	13	德阳市	0.211	19
绵阳市	0.235	11	绵阳市	0.205	21	绵阳市	0.203	22
广元市	0.235	12	广元市	0.223	16	广元市	0.221	15
遂宁市	0.238	10	遂宁市	0.232	11	遂宁市	0.225	13
内江市	0.244	8	内江市	0.242	8	内江市	0.245	8
乐山市	0.200	19	乐山市	0.212	18	乐山市	0.216	17
南充市	0.222	14	南充市	0.225	15	南充市	0.230	12
眉山市	0.196	20	眉山市	0.209	19	眉山市	0.205	21
宜宾市	0.217	16	宜宾市	0.227	14	宜宾市	0.236	10
广安市	0.216	17	广安市	0.232	10	广安市	0.235	11
达州市	0.201	18	达州市	0.207	20	达州市	0.210	20
雅安市	0.243	9	雅安市	0.271	7	雅安市	0.237	9
巴中市	0.221	15	巴中市	0.229	12	巴中市	0.223	14
资阳市	0.195	22	资阳市	0.220	17	资阳市	0.214	18
重庆市	0.471	2	重庆市	0.470	2	重庆市	0.460	2
武汉市	0.356	5	武汉市	0.339	5	武汉市	0.339	5
杭州市	0.381	3	杭州市	0.384	3	杭州市	0.377	3
深圳市	0.501	1	深圳市	0.503	1	深圳市	0.505	1

注：数据结果由作者计算。

根据计算结果排名分析，四川民族地区开展飞地经济首选城市为深圳市、重庆市、杭州市、成都市及武汉市。这 5 个城市的经济发展水平在我国具有较高水平，民族地区作为欠发达地区选择较为发达的地区作为合作方，满足飞地经济实施的条件，无论是选择正向飞地经济模式合作共建产业园，还是选择反向飞地经济模式在发达地区“借智引才”，民族地区都能通过借鉴相关的管理经验、先进技术最终实现自身的发展。其中，四川省又是浙江省、广东省对口帮扶对象，两地飞地经济模式实践已初见成效，如庆元—九寨—嘉善飞地园区、佛山—凉山州产业园区。因此，这些城市排名的顺序符合当前客观情况及未来发展趋势。

除了省外的合作城市之外，四川民族地区开展飞地经济合作也可以选择省域内的城市合作，虽然在经济发展水平上不如上述城市，但是省域内的合作更加便利，两地的相对距离较近，文化环境也较为相似，这些也是飞地经济模式成功的重要因素。另外，飞地经济模式的实践还要考虑合作成本的问题，如工业用地的价格、员工的工资等，这些条件如果要求太高，就会造成合作企业不愿意开展飞地经济合作。而将成本结构指标进行单独赋权计算排名可以发现（结果见表 7-6），内江市、攀枝花市、雅安市在这方面具备实践飞地经济模式的优势，这些地区工业用地相对便宜，企业飞入的开发成本也较低。因此，这些城市可以考虑作为备选城市。

表 7-6　成本引力指标城市选择排名结果

阿坝州			甘孜州			凉山州		
城市	相对接近度C	排名	城市	相对接近度C	排名	城市	相对接近度C	排名
成都市	0.263	12	成都市	0.217	12	成都市	0.163	15
自贡市	0.211	15	自贡市	0.197	15	自贡市	0.208	13
攀枝花市	0.662	1	攀枝花市	0.542	2	攀枝花市	0.789	1
泸州市	0.270	11	泸州市	0.237	10	泸州市	0.265	8
德阳市	0.396	4	德阳市	0.306	6	德阳市	0.302	6

续 表

阿坝州			甘孜州			凉山州		
城市	相对接近度C	排名	城市	相对接近度C	排名	城市	相对接近度C	排名
绵阳市	0.304	7	绵阳市	0.214	13	绵阳市	0.212	12
广元市	0.379	5	广元市	0.292	7	广元市	0.308	5
遂宁市	0.287	10	遂宁市	0.232	11	遂宁市	0.238	10
内江市	0.476	3	内江市	0.417	3	内江市	0.437	3
乐山市	0.227	14	乐山市	0.283	8	乐山市	0.227	11
南充市	0.179	17	南充市	0.138	17	南充市	0.142	17
眉山市	0.304	8	眉山市	0.320	4	眉山市	0.264	9
宜宾市	0.358	6	宜宾市	0.313	5	宜宾市	0.368	4
广安市	0.304	9	广安市	0.255	9	广安市	0.267	7
达州市	0.185	16	达州市	0.153	16	达州市	0.161	16
雅安市	0.509	2	雅安市	0.626	1	雅安市	0.509	2
巴中市	0.144	18	巴中市	0.114	18	巴中市	0.129	18
资阳市	0.235	13	资阳市	0.204	14	资阳市	0.183	14
重庆市	0.139	20	重庆市	0.111	20	重庆市	0.121	20
武汉市	0.232	22	武汉市	0.102	22	武汉市	0.118	22
杭州市	0.233	21	杭州市	0.109	21	杭州市	0.119	21
深圳市	0.142	19	深圳市	0.113	19	深圳市	0.127	10

注：数据结果由作者计算。

通过上述方法可以得到我国民族地区飞地经济城市选择的优先顺序，但是根据计算结果分析发现，四川民族地区在开展飞地经济实践时城市选择上的结果较为一致，无法体现个体之间的差异性，这样的结果可能会出现在省域内的多个民族地区，而且上述的排名结果无法体现飞地经济具体合作产业的城市选择顺序。因此，后文将继续对飞地经济产业选择进行综合评价分析，得出适合开展飞地经济的产业选择的城市排名。

三、基于产业评价指标体系的飞地经济合作城市决策

根据上一节计算的结果，选取匹配度排名前五位的成都市、杭州市、深圳市、重庆市和武汉市，作为产业选择内容的分析对象，得出阿坝州、甘孜州、凉山州在选择同一产业合作时，各个城市的优先选择顺序，从而得到与该行业最匹配的城市选择。将制造业中的 31 个行业进行综合评价分析，从中选取化学原料和化学制品制造业、黑色金属冶炼及压延业工业、金属制品业、通用设备制造业、食品制造业及医药制造业 6 个行业进行举例分析说明，以此分析四川民族地区在开展飞地经济合作中，具体产业选择的优先对应城市。

四川民族地区飞地经济各城市产业选择结果见表 7–7 ～表 7–24。

（一）化学原料和化学制品制造业

各州对应城市化学原料和化学制品制造业各指标权重、综合得分和排名结果见表 7–7 ～表 7–9。

表 7–7　各州对应城市化学原料和化学制品制造业各指标权重

目标层	变量层	阿坝州指标权重	甘孜州指标权重	凉山州指标权重
产业选择推动力	产业结构相似系数	0.16	0.14	0.15
	化学原料和化学制品制造业产业梯度转移相对系数	0.12	0.13	0.12
产业选择吸引力	工业用地价格相对系数	0.09	0.08	0.09
	当地工资总额相对系数	0.12	0.12	0.12
	化学原料和化学制品制造业规模以上企业数量	0.13	0.17	0.13
	居民消费价格指数	0.10	0.11	0.12
民族地区环境约束	化学原料和化学制品制造业污水 GPI 占投资比重	0.09	0.08	0.09
	化学原料和化学制品制造业二氧化硫 GPI 占投资比重	0.08	0.08	0.08
	污染治理相对强度	0.12	0.09	0.12

注：数据结果由作者计算。

表 7-8　各州对应城市化学原料和化学制品制造业综合得分

阿坝州		甘孜州		凉山州	
城市	得分	城市	得分	城市	得分
成都市	0.31188241	成都市	0.36180649	成都市	0.30791159
杭州市	0.69119404	杭州市	0.61259159	杭州市	0.67913027
深圳市	0.55109024	深圳市	0.65538687	深圳市	0.54730694
重庆市	0.33003264	重庆市	0.31083782	重庆市	0.31587325
武汉市	0.53855577	武汉市	0.58628199	武汉市	0.53684140

注：数据结果由作者计算。

表 7-9　各州对应城市化学原料和化学制品制造业排名结果

阿坝州			甘孜州			凉山州		
城市	相对接近度C	排名	城市	相对接近度C	排名	城市	相对接近度C	排名
成都市	0.367	5	成都市	0.361	5	成都市	0.367	5
杭州市	0.623	1	杭州市	0.519	2	杭州市	0.613	1
深圳市	0.53	2	深圳市	0.592	1	深圳市	0.533	2
重庆市	0.388	4	重庆市	0.384	4	重庆市	0.379	4
武汉市	0.498	3	武汉市	0.512	3	武汉市	0.492	3

注：数据结果由作者计算。

根据上一节的分析结果，四川民族地区开展飞地经济模式合作城市的选择优先顺序是深圳市、重庆市、杭州市、成都市及武汉市，但是将产业细分并通过计算之后发现，不同的产业选择的城市优先顺序是不同的。

从横向进行比较分析，阿坝州、甘孜州、凉山州对应化学原料和化学制品制造业城市选择优先顺序是不同的。阿坝州与凉山州最优先选择杭州市，其次是深圳市，而甘孜州最优先选择深圳市，其次才是杭州市。

从纵向进行比较分析，阿坝州、甘孜州、凉山州在选择化学原料和化学制品制造业时，城市选择的顺序与上一节的深圳市、重庆市、杭州市、成都市及武汉市顺序不同。阿坝州与凉山州的选择顺序是杭州市、深圳市、武汉市、重庆市和成都市，甘孜州的选择顺序则是、杭州市、武汉市、重庆市和成都市。其中杭州市和深圳市相对接近度C值得分都高于其他三个城市，说明在化学原料与化学制品制造业三个民族自治州优先考虑杭州市和深圳市。

（二）黑色金属冶炼及压延加工业

各州对应城市黑色金属冶炼及压延加工业各指标权重、综合得分、排名结果见表7-10～表7-12。

表7-10 各州对应城市黑色金属冶炼及压延加工业各指标权重

目标层	变量层	阿坝州指标权重	甘孜州指标权重	凉山州指标权重
产业选择推动力	产业结构相似系数	0.12	0.12	0.12
	黑色金属冶炼及压延加工业产业梯度转移相对系数	0.12	0.15	0.12
产业选择吸引力	工业用地价格相对系数	0.08	0.08	0.08
	当地工资总额相对系数	0.12	0.11	0.11
	黑色金属冶炼及压延加工业规模以上企业数量	0.15	0.10	0.16
	居民消费价格指数	0.13	0.18	0.14
民族地区环境约束	黑色金属冶炼及压延加工业污水GPI占投资比重	0.09	0.08	0.09
	黑色金属冶炼及压延加工业二氧化硫GPI占投资比重	0.09	0.09	0.09
	污染治理相对强度	0.09	0.10	0.09

注：数据结果由作者计算。

表 7-11 各州对应城市黑色金属冶炼及压延业工业综合得分

阿坝州		甘孜州		凉山州	
城市	得分	城市	得分	城市	得分
成都市	0.38506463	成都市	0.35506734	成都市	0.38099320
杭州市	0.57406475	杭州市	0.54028691	杭州市	0.56010963
深圳市	0.55392872	深圳市	0.63030429	深圳市	0.54836742
重庆市	0.42771277	重庆市	0.31686385	重庆市	0.41601123
武汉市	0.58621432	武汉市	0.59892892	武汉市	0.58445902

注：数据结果由作者计算。

表 7-12 各州对应城市黑色金属冶炼及压延业工业排名结果

阿坝州			甘孜州			凉山州		
城市	相对接近度C	排名	城市	相对接近度C	排名	城市	相对接近度C	排名
成都市	0.374	5	成都市	0.344	5	成都市	0.374	5
杭州市	0.453	4	杭州市	0.423	3	杭州市	0.445	4
深圳市	0.462	3	深圳市	0.547	1	深圳市	0.464	3
重庆市	0.505	2	重庆市	0.388	4	重庆市	0.498	2
武汉市	0.519	1	武汉市	0.538	2	武汉市	0.513	1

注：数据结果由作者计算。

从横向进行比较分析，阿坝州、甘孜州、凉山州对应黑色金属冶炼及压延业工业城市选择优先顺序不同。阿坝州与凉山州优先选择武汉市、重庆市，而甘孜州选择顺序为深圳市、武汉市。

从纵向进行比较分析，阿坝州与凉山州的选择顺序是武汉市、重庆市、深圳市、杭州市、成都市，甘孜州的选择顺序则是成都市、武汉市、杭州市、重庆市、深圳市。说明在黑色金属冶炼及压延业工业三个民族自治州优先考虑杭州市、武汉市和重庆市，选择范围比化学原料和化学制品制造业更广。

（三）金属制造业

各州对应城市金属制造业各指标权重、综合得分、排名结果见表 7–13 ～表 7–15。

表 7–13　各州对应城市金属制造业各指标权重

目标层	变量层	阿坝州指标权重	甘孜州指标权重	凉山州指标权重
产业选择推动力	产业结构相似系数	0.12	0.12	0.13
	金属制造业梯度转移相对系数	0.12	0.13	0.13
产业选择吸引力	工业用地价格相对系数	0.08	0.08	0.08
	当地工资总额相对系数	0.11	0.12	0.12
	金属制造业规模以上企业数量	0.10	0.10	0.10
	居民消费价格指数	0.14	0.18	0.18
民族地区环境约束	金属制造业污水 GPI 占投资比重	0.09	0.08	0.08
	金属制造业二氧化硫 GPI 占投资比重	0.08	0.09	0.08
	污染治理相对强度	0.15	0.10	0.09

注：数据结果由作者计算。

表 7–14　各州对应城市金属制造业综合得分

阿坝州		甘孜州		凉山州	
城市	得分	城市	得分	城市	得分
成都市	0.446619245	成都市	0.386529666	成都市	0.385981869
杭州市	0.666915838	杭州市	0.622074987	杭州市	0.639601927
深圳市	0.570608532	深圳市	0.643337704	深圳市	0.647035598
重庆市	0.394777232	重庆市	0.279906239	重庆市	0.309063915
武汉市	0.603478018	武汉市	0.573863344	武汉市	0.385981869

注：数据结果由作者计算。

表 7–15　各州对应城市金属制品业城市选择排名结果

阿坝州			甘孜州			凉山州		
城市	相对接近度C	排名	城市	相对接近度C	排名	城市	相对接近度C	排名
成都市	0.392	4	成都市	0.368	4	成都市	0.371	5
杭州市	0.572	1	杭州市	0.579	1	杭州市	0.55	2
深圳市	0.564	2	深圳市	0.538	2	深圳市	0.575	1
重庆市	0.378	5	重庆市	0.333	5	重庆市	0.38	4
武汉市	0.536	3	武汉市	0.481	3	武汉市	0.522	3

注：数据结果由作者计算。

从横向进行比较分析，阿坝州、甘孜州、凉山州对应金属制品业城市选择的优先顺序也不同。阿坝州与甘孜州优先选择杭州市、深圳市，而凉山州选择顺序为深圳市、杭州市。阿坝州与甘孜州在金属制品业的选择是相同的，这与前面两个行业又不相同。

从纵向进行比较分析，阿坝州与甘孜州的选择顺序是杭州市、深圳市、武汉市、成都市、重庆市，凉山州的选择顺序则是深圳市、杭州市、武汉市、重庆市、成都市。说明在金属制品业三个民族自治州优先考虑杭州市和深圳市。

（四）通用设备制造业

各州对应城市通用设备制造业各指标权重、综合得分、排名结果见表7–16 ～表 7–18。

表 7–16　各州对应城市通用设备制造业各指标权重

目标层	变量层	阿坝州指标权重	甘孜州指标权重	凉山州指标权重
产业选择推动力	产业结构相似系数	0.14	0.14	0.14
	通用设备制造业梯度转移相对系数	0.10	0.10	0.11

续 表

目标层	变量层	阿坝州指标权重	甘孜州指标权重	凉山州指标权重
产业选择吸引力	工业用地价格相对系数	0.08	0.08	0.08
	当地工资总额相对系数	0.11	0.11	0.11
	通用设备制造业规模以上企业数量	0.10	0.10	0.10
	居民消费价格指数	0.17	0.19	0.18
民族地区环境约束	通用设备制造业污水 GPI 占投资比重	0.08	0.09	0.08
	通用设备制造业二氧化硫 GPI 占投资比重	0.10	0.08	0.10
	污染治理相对强度	0.10	0.10	0.10

注：数据结果由作者计算。

表 7-17 各州对应城市通用设备制造业综合得分

阿坝州		甘孜州		凉山州	
城市	得分	城市	得分	城市	得分
成都市	0.382048422	成都市	0.390004896	成都市	0.3767120159
杭州市	0.688311372	杭州市	0.697795593	杭州市	0.6776054989
深圳市	0.694910054	深圳市	0.708387074	深圳市	0.6908351644
重庆市	0.350290183	重庆市	0.32821359	重庆市	0.3380772611
武汉市	0.515737397	武汉市	0.481776526	武汉市	0.5132533598

表 7-18 各州对应城市通用设备制造业城市选择排名结果

阿坝州			甘孜州			凉山州		
城市	相对接近度C	排名	城市	相对接近度C	排名	城市	相对接近度C	排名
成都市	0.346	5	成都市	0.383	5	成都市	0.345	5
杭州市	0.552	2	杭州市	0.609	2	杭州市	0.547	2

续 表

阿坝州			甘孜州			凉山州		
城市	相对接近度C	排名	城市	相对接近度C	排名	城市	相对接近度C	排名
深圳市	0.561	1	深圳市	0.647	1	深圳市	0.563	1
重庆市	0.388	4	重庆市	0.405	4	重庆市	0.381	4
武汉市	0.489	3	武汉市	0.406	3	武汉市	0.483	3

阿坝州、甘孜州、凉山州在通用设备制造业上的排名选择顺序相一致，都为深圳市、杭州市、武汉市、重庆市和成都市。深圳市在通用设备制造业上具有良好的比较优势，2019 年该行业规模以上工业企业的数量就达到 629 家，数量远超其他 4 个城市，在技术研发、政策支持、产业基础等方面都具备良好的发展条件。因此，三个自治州在选择上优先选择深圳市具有客观现实性。

（五）食品制造业

各州对应城市食品制造业各指标权重、综合得分、排名结果见表 7-19 ～表 7-21。

表 7-19　各州对应城市食品制造业各指标权重

目标层	变量层	阿坝州指标权重	甘孜州指标权重	凉山州指标权重
产业选择推动力	产业结构相似系数	0.11	0.11	0.11
	食品制造业梯度转移相对系数	0.11	0.11	0.11
产业选择吸引力	工业用地价格相对系数	0.09	0.09	0.09
	当地工资总额相对系数	0.11	0.11	0.11
	食品制造业规模以上企业数量	0.15	0.16	0.16
	居民消费价格指数	0.14	0.15	0.15
民族地区环境约束	食品制造业污水 GPI 占投资比重	0.10	0.09	0.09
	食品制造业二氧化硫 GPI 占投资比重	0.08	0.09	0.09
	污染治理相对强度	0.09	0.09	0.09

表 7-20　各州对应城市食品制造业综合得分

阿坝州		甘孜州		凉山州	
城市	得分	城市	得分	城市	得分
成都市	0.5160691086	成都市	0.508705862	成都市	0.511604956
杭州市	0.6205349699	杭州市	0.585824553	杭州市	0.608631236
深圳市	0.5514746053	深圳市	0.554472062	深圳市	0.559079843
重庆市	0.4409977469	重庆市	0.412297443	重庆市	0.429711614
武汉市	0.5828774027	武汉市	0.601400087	武汉市	0.604263465

表 7-21　各州对应城市食品制造业城市选择排名结果

阿坝州			甘孜州			凉山州		
城市	相对接近度C	排名	城市	相对接近度C	排名	城市	相对接近度C	排名
成都	0.487	5	成都	0.489	4	成都	0.487	5
杭州	0.533	2	杭州	0.497	3	杭州	0.521	2
深圳	0.506	3	深圳	0.513	2	深圳	0.508	3
重庆	0.497	4	重庆	0.477	5	重庆	0.492	4
武汉	0.538	1	武汉	0.519	1	武汉	0.532	1

从三个自治州选择城市排名角度分析，阿坝州、甘孜州、凉山州在食品制造业上的排名选择顺序不同，阿坝州和凉山州分别是武汉市、杭州市、深圳市、重庆市和成都市，而甘孜州则是武汉市、深圳市、杭州市、成都市和重庆市。但是三个自治州的优先选择城市相同均为武汉市。说明食品制造业与四川民族地区在产业结构、产业互补产业关联性等因素上较为匹配。

（六）医药制造业

各州对应城市医药制造业各指标权重、综合得分、排名结果见表 7-22 ～表 7-24。

表 7-22　各州对应城市医药制造业各指标权重

目标层	变量层	阿坝州指标权重	甘孜州指标权重	凉山州指标权重
产业选择推动力	产业结构相似系数	0.11	0.10	0.11
	医药制造业梯度转移相对系数	0.12	0.13	0.12
产业选择吸引力	工业用地价格相对系数	0.10	0.10	0.10
	当地工资总额相对系数	0.10	0.10	0.10
	医药制造业规模以上企业数量	0.13	0.13	0.13
	居民消费价格指数	0.16	0.16	0.16
民族地区环境约束	医药制造业污水 GPI 占投资比重	0.10	0.10	0.10
	医药制造业二氧化硫 GPI 占投资比重	0.08	0.08	0.08
	污染治理相对强度	0.10	0.09	0.10

表 7-23　各州对应城市各城市医药制造业综合得分

阿坝州		甘孜州		凉山州	
城市	得分	城市	得分	城市	得分
成都市	0.572082014	成都市	0.566246782	成都市	0.56901510
杭州市	0.669201271	杭州市	0.640378083	杭州市	0.65826653
深圳市	0.564472075	深圳市	0.554235122	深圳市	0.55904566
重庆市	0.371358497	重庆市	0.343617889	重庆市	0.35917037
武汉市	0.458818444	武汉市	0.452888035	武汉市	0.45665272

表 7-24　各州对应城市医药制造业城市选择排名结果

阿坝州			甘孜州			凉山州		
城市	相对接近度C	排名	城市	相对接近度C	排名	城市	相对接近度C	排名
成都市	0.508	2	成都市	0.507	2	成都市	0.506	2
杭州市	0.599	1	杭州市	0.576	1	杭州市	0.592	1
深圳市	0.48	3	深圳市	0.485	3	深圳市	0.481	3
重庆市	0.404	4	重庆市	0.385	5	重庆市	0.396	5
武汉市	0.401	5	武汉市	0.39	4	武汉市	0.397	4

阿坝州、甘孜州、凉山州在医药制造业上的整体排名顺序及优先排名顺序都相一致，均为杭州市、成都市、深圳市、重庆市和武汉市。在医药制造业中，杭州具有发展比较优势，2017 年杭州市人民政府办公厅就出台了《关于促进杭州市生物医药产业创新发展的实施意见》，明确指出要建成全球领先的医药研发高地，打造最有影响力的医药创新城市，在医药制造业上优先选择杭州市具有客观现实性。而排名第二的成都市在医药制造业也具有一定的优势。2019 年成都市医药制造规模以上企业数量达到了 202 家，远超其他 4 个城市，在少数民族医药产业发展上，成都市与省内的民族地区在产业上也具备一定的相关性。

上述研究结果说明，我国民族地区除了要评估确定飞地经济的合作城市之外，具体产业的选择也需要进一步研究，优先匹配的合作城市在具体某一个产业的合作优先度并不一致。同时，不同的民族地区所拥有的比较优势和产业发展水平情况也不同，在具体选择产业合作时也要考虑自身的实际发展情况，从而科学地制定符合自身发展的飞地经济模式。

本章小结

本章构建了我国民族地区飞地经济模式城市选择指标体系及产业选择指标体系，以四川民族地区为例，运用CRITIC-TOPSIS方法计算结果可知，四川民族地区开展飞地经济模式合作城市主要考虑深圳市、杭州市、武汉市、重庆市和成都市。它们作为各个省中心城市，承载着经济、文化、对外开放等一系列功能，优先选择程度较高。但是从生产成本子系统的角度来分析，这些城市的排名得分均靠后，这也与企业生产成本等因素相关。因此我国民族地区在选择飞地经济模式合作城市时，需要更加综合的进行分析和选择。

本章对四川民族地区飞地经济模式产业选择合作城市也做了评价分析，通过结果可知不同的民族地区在选择产业发展时，合作的城市也会有所不同，除了考虑飞地经济模式的合作城市之外，具体的产业合作内容也需要进一步科学的评估。

第八章　促进我国民族地区飞地经济发展的政策建议

近年来，我国民族地区在飞地经济的实践中已经取得了长足的成效，其经济也在快速发展，但是要想实现跨越式发展必须更加科学、合理地运用飞地经济模式，解决好当前存在的各种弊端及不足。除了前文分析研究的飞出、飞入两地的匹配程度，以及科学地处理好两地政府之间的关系等，本章从完善飞地经济的模式为切入点，提出了下一步推动我国民族地区飞地经济发展的几项建议。

第一节　进一步完善顶层设计，为飞地经济的发展提供政策保障

飞地经济的发展规划要与国家政策高度一致，以国家经济政策为导向。从飞地经济的空间产生机理、尺度重组可以看出，它是由地方城市到区域范围、再到全国实践的产物，实践证明这一模式适合经济发展，被国家所认可，为便于更好地利用及推广这一模式，国家适时出台相应的指导性文件，对促进飞地经济的发展是很有必要的。

一、以国家经济政策为导向，适时更新与出台飞地经济指导性文件

2017 年 5 月国家发展改革委等八部门联合发布的《关于支持“飞地经济”发展的指导意见》是国家从宏观层面对于飞地经济的指导性文件，也为后续我国各地发展飞地经济的发展提供了方向。随着时代的发展和变更，根据飞地经济的现实需要，有必要对相关文件进行适时地更新、补充和具体化。第一，按照党和国家的方针政策，确保民族地区经济的发展。全面贯彻执行党和国家的政策方针，以党的十八大、党的十九大关于民族地区经济发展的相关内容为指引，制定相关的政策和规定。第二，以指导性文件为基础，因地制宜，制定合理使用飞地经济模式的规定。指导性文件主要体现宏观层面，各地可根据当地的经济情况，制定相关规定，纳入民族地区发展的特殊性，更好地指导民族地区飞地经济模式的发展。第三，制定适合本民族地区的飞地经济政策。民族地区的发展与其他地区有所不同，面临的约束条件也不一样，要实现飞地经济更好地服务于民族地区，制定符合民族地区特殊性的政策至关重要。例如，留存电量支持、税收支持等。

二、以区域协调发展战略为导向，制定跨省飞地经济的政策支持

区域协调涉及我国西部、中部、东北、民族地区等范围，并且将国土空间划分为优化开发、重点开发、限制开发和禁止开发四类主体功能区。随着我国

飞地经济的实践不断拓展，各地要实现经济发展，尤其是民族地区实现跨越式发展必须以协调战略为基准，以三大战略为导向，积极融于各个经济带及城市群。

跨省合作是当下及今后飞地经济的重要实践形式，一方面各地开展飞地经济应结合国家战略和各省的实际情况；另一方面，飞地经济跨省合作应充分建立在两地协商一致的基础上，具体涉及产业选择、产业匹配、利益分配、基础建设、公共服务等领域。首先，产业选择是两地合作的基础，只有在两地产业具有相关性和匹配度高的情况下，飞地经济的实践才是有意义和有价值的。其次，利益分配的制定是两地能否合作的核心，只有都符合两地共同利益时，飞地经济才能主动的产生，而不是依靠行政的强制力实行的“拉郎配”或者被动执行。最后，飞地经济实现的硬环境及人才政策也是需要两地考虑的重点因素，而民族地区对于这方面的需求更加渴望，在对接合作时如何做到引才、引智是关键。所以制定跨省飞地经济的政策支持，尤为重要。

三、以本省实际情况为基础，制定符合省域内发展的飞地经济政策支持

相比于跨省之间的飞地经济合作，省域内的实践相对容易，并且实现的难度较小，是我国飞地经济实践重点关注的领域。除了国家战略政策支持以外，各地应该制定符合自身发展飞地经济规范性文件，明确总体任务、重点任务、合作范围、产业政策等相关的内容。当前，直接制定当地发展飞地经济的指导文件较少，贵州省、宁夏回族自治区、新疆维吾尔自治区等民族地区直接关于飞地经济的政策多处在缺失状态，更多时候以各自实践或者学习其他地区作为指导的方向和发展，使得这一模式很难推广利用。而要做到飞地经济模式的发展和推广，必须制定和完善本省有关飞地经济的指导性文件。例如，广西壮族自治区人民政府发布《广西全面对接粤港澳大湾区实施方案（2019—2021年）》规定创新推进飞地经济园区建设内容，《赤峰市人民政府办公厅关于进一步深化飞地经济政策的实施意见（试行）》，都是结合本地实际，直接以飞地经济模式作为发展方向提出意见，将本地经济发展的情况随时关注跟进，才能为推动飞地经济模式的运行作制度性保障。

已经出台相关政策的地区，还应该加强政策的延续性和更新。飞地经济模式在我国实践已有较长时间，尤其是东部地区已有近30年，随着时间的推移，

各类相关的政策指导性文件，如政策规划、利益分配、管理权限等已不完全适合当前形势的发展，有些开发权限的协议等也已到期。以江苏江阴—靖江工业园区的《江阴经济开发区靖江园区联合开发备忘录》为例，文件中涉及未来20年的利益分配内容，而时间已到期，相关政策没有及时跟进，使得双发合作在各方面都陷入了停滞。因此，各地区飞地经济政策的下一步规划，除了继续保障沟通协调力度、确保政策延续性、争取发展空间、进一步推进可持续发展之外，还应结合自身在当地的发展现状，制定并完善更加科学的运行机制，以适应当前国内外经济发展环境，使经济规模、产业结构更加优化，实现可持续发展。

当前飞地经济的发展除了传统具有产业转移性质的正向飞地经济实践以外，还存在着以相对落后地为飞出地的反向飞地经济模式，在未来的发展上，民族地区除了具备“飞入地”的身份之外，还可探索根据自身特点积极地作为“飞出地”，借助发达地区的各项优势获得发展的途径。

第二节　合理选择民族地区产业，形成科学产业链发展模式

飞地经济的运行模式主要表现在共建园区、对接产业、合作共赢上，想要实现这一目的，产业选择、产业对接、产业结构等方面都是重要的环节。民族地区相比于中部等其他地区，存在环境保护的硬性约束条件，如何处理好经济发展与当地生态环境保护的协调一直是研究的重点。本节从以下两个角度来探讨民族地区飞地经济的产业发展及选择。

一、以民族地区作为飞入地的产业发展

（一）以梯度转移理论为指导，以自身发展优势为定位

梯度转移是飞地经济的重要指导理论，它符合经济发展的规律。我国各地区经济发展水平、经济技术水平和社会发展基础差异较大，这些地区间客观上存在着经济技术梯度，根据市场经济规律，经济技术优势往往是由高梯度地区向低梯度地区流动的。国家实施沿海地区优先开放战略，让有条件的高梯度地区（沿海地区）引进和掌握先进技术，率先发展一步，然后逐步向处于二级、

三级、四级梯度的地区推移，逐步达到缩小地区差距、实现经济布局和发展相对均衡的目的。我国民族地区作为飞地经济的飞入地是前期发展的重要形式，在引进产业项目时，必须做到梯度对接。既然有梯度就有空间转移的顺序，一方面不盲目或好高骛远，如果选择与自身发展差距太大的产业项目，将不利于产业的成长与发展，同时自身的基础设施要求也达不到承接的需求。另一方面，也不能盲目地接受一切产业，要避免“捡到的菜就往篮子装”的思想，必须有利于实现与当地产业的合理配置。

当民族地区作为飞入地，需要认识到自身产业发展的优势，在选择中做到优势互补、优势对接、优势承接，充分发挥资源禀赋的特点。只有培养中、高端产业，将优势产业与中、高端科技有效衔接，才能够产生较高的效益，而盲目对接高端产业并不能起到最优的效果。过去民族地区以牺牲环境为代价，承接了“三高”或者科技含量较低的产业，既破坏了生态环境，产业发展也不理想。所以要立足于实际，尽量引入中、高端产业，不仅可以避免一些产业选择不合适问题，还可以提高本地产业的科技含量。

（二）精准对接，实现产业链的完整发展

要实现精准，必须时刻把握住产业发展的前沿动态，将东部发达地区及国家经济发展的趋势做好研究，结合当前的产业与自身特点，统筹安排、精准对接，避免重复发展和低端恶性竞争，使得承接的产业具有发展潜力。与此同时，产业链的协调性已经成为飞地经济实现的关键因素，产业链中价值链、企业链、供需链和空间链这四个维度相互对接的均衡过程，在飞地经济产业的整体性中更显重要。在实现合作的产业中，通常要以产业链的形式出现，从飞地经济的内涵及特征中可以得出，双方必须满足产业链的匹配或者适配才能更好地开展合作，而不是单一的某个企业的局部搬迁，这也是飞地经济得以实现的条件之一。重构价值链、匹配产业链是精准发展的重要保障，按照国家倡导的产业转移目录与要求，既要研究清楚本地区可发展项目在产业链或产业价值中的位置，通过考察、对比发现哪些产业有发展的优势、哪些产业收益好、哪些产业经济效益可观等；要具备创新思维，实现专业性与民族性的产业体系，打造具有民族地区特点的产业链，实现产业链的完整发展。

二、民族地区作为飞出地的产业发展

民族地区作为飞出地是反向飞地经济的发展模式，最主要特点就是欠发达地区主动对接发达地区，其重要的意义在于避免了当地生态环境的破坏，将发展的地域跨越到相对发达地区，实现研发在外、成果享受在内的一种方式。反向飞地经济模式发展是走研发、总部经济、孵化的途径，而与之相关的都是具有高科技性质的产业。民族地区要实现研发在发达地区总部，而成果转换在民族地区的方式，积极通过反向飞地经济模式将有竞争力的产业留下，一是通过积极的沟通，让产业的生产落户到民族地区，打破难以招商的局面；二是通过将注册地放在民族地区的方式，实现科研人才的聚集、产业集群的出现和创新发展的结合；三是必须以“飞入地”为参考，根据当地的优势产业及自身需要发展的特殊性，选择具备科技含量高、转换速度较快的产业，并通过构建自身的产业链进行引入发展，同时将引智作为重要参考因素，将人才及成果转化到民族地区。

第三节　建立协商合作机制，实现互利共赢发展

合作共赢是飞地经济能够实现的激励保障，除了对口支援的特殊性政策意义之外，基于互利共赢条件下的合作必须使得双方有利可图，对于经济理性人来说，两地都希望能够从对方获得相应的利益。因此，科学的激励措施及理念，对飞地经济的可持续发展至关重要，本文认为从以下四个方面来完善。

一、以可持续发展理念为指导

正确、可持续发展的理念是飞地经济的主观保障因素，而飞地经济实践在一些地区效果不佳的原因正是双方思想的不统一。从飞出地（相对发达地区）来说，转移自己的产业与项目意味着本地将会失去部分的税收来源，而异地项目的构建很可能遭到自身区域民众的疑义，基于狭隘的自私想法，认为异地开发是为了他人添砖加瓦；作为飞入地（欠发达地区）来说，最担心自身土地利益的流失，可以完全自主收取全部利益的机会却要分与他人，同时要占用自身

的公共资源。由于飞出地通常较为发达，在管理与发展的过程中很有可能处于强势的地位，当地政府担心由此产生各种矛盾及问题，所以更多地区采取观望状态，这些都会让飞地经济的发展受到阻碍。

飞出地与飞入地必须思想理念一致，以正向飞地经济为例，如果飞出地没有“腾笼换鸟”的勇气与决心，错失最佳的转移时间只会让当地产业的发展越来越衰落；而飞入地如果没有配合的意识和同担责任的意识，那么合作的规划最终只能是空谈。所以，双方都要克服狭隘的保护主义和地方主义观念，从可持续发展、协调发展的角度进行思考，制定出战略发展规划和协作方式，避免落入“囚徒困境”的局面，最大限度地实现“集体理性”带来的效益，最终实现帕累托最优。飞出地进入的项目必然是先进、科技含量高、具有进步性的产业，这对于欠发达地区来说是一个学习的机会，而管理经验及先进理念也是需要学习的东西；飞出地转移的产业必然也是经过筛选的，“腾笼换鸟”的关键也在于此，转出产业的短暂阵痛期是飞出地必须经历的，只有这样才能换回更大的发展空间及产业替换。因此，双方需要转换思维、换位思考，以经济发展为前提，树立正确、可持续发展的长远理念。

二、以合作的主导权为原则，确定收益分配比例及成本比例

科学的利益分配原则是飞地经济能够持续发展的核心因素。从非民族地区的实践来看，深汕特别合作区在2015年以前，园区产生的税收扣除规定的收益之后，其余返还给园区作为发展资金，2020年以后双方则按照5:5的比例分成；苏宿工业园则规定10年内园区不分红，全部资金作为滚动发展的后续补给，这些园区是飞地经济早期发展得较为成功的案例。以民族地区的实践来看，贵州大龙石阡产业园将耕地占用费及10%的管理费作为给予大龙开发区的费用，其他所有收益归石阡政府；成都—阿坝州工业园则是前5年所有收益全部用于园区发展，到第二个五年，成都市、阿坝州按3.5∶6.5的比例分享，从2019年起成都市、阿坝州按4∶6的比例分享。多年的实践中，各个地区在利益分配上都有着不同的比例及方式，由此民族地区的利益分配也大致参考了类似的方式。

通常在成本支出上，发达地区承担了更多的成本，而欠发达地区一般只需要承担较小的一部分。从均衡发展的视角来看，发达地区承担更多的成本而享

有较少的利益分配，能够更快地带动欠发达地区的发展，让欠发达地区短时间内能够获得较快的发展。但是从经济学理性人的角度研究发现，这样的方式并不能持久，这种飞地经济利益分配方式更多体现了帮扶对口支援的性质，如果排除这种行政指令或者性质的分配方式，发达地区并不真正愿意实施这样的分配方式及成本负担方式，这也是为什么在过去存在很多飞地经济失败的案例。

由此可见，制定利益分配方式和成本负担方式将会是飞地经济模式能够持续运作的关键。前文通过演化博弈的方法解释了合作双方潜在主观因素，究其原因是作为发达地区的意愿不强烈，而想要打破这样的局面必须重新构建利益分配及成本分配比例。第一，欠发达地区乃至民族地区，必须从长远的角度运营飞地经济模式，要适度的放弃短期的利益，以促使长期稳定、持久的收益。例如，成都—阿坝州工业园中，阿坝州的比例应该适时降低，让园区更多的收益归成都市，让税收和 GDP 核算更多地向发达地区倾斜，从而调动发达地区的积极性。而欠发达地区或者民族地区应该看到，除了短期这样牺牲的税收之外，可以通过学习发达地区园区的运营方式和管理经验，从而在长期的发展中获得更多的收益。第二，从成本负担的角度来看，欠发达地区或者民族地区应该适当承担部分的成本，打破成本均摊或者由发达地区出资的传统分配方式，所以需要经历短暂的阵痛期，从而调动发达地区的积极性。

三、配合使用退出机制

与利益分配机制相对应的是退出机制，它是指发达地区通过一段时间的指导、管理园区的运营之后，退出整个管理及运行体系，转交给欠发达地区运营，而欠发达地区通过合作期间的学习、交流，最后独自管理、运行园区的工作并全部享受园区的收益。根据上文的分析，发达地区缺少合作意愿的原因之一，是对利益分配比例和承担成本的部分不完全接受，所以才需要欠发达地区牺牲短期的利益，承担更多的成本，将更多的收益给予发达地区。但是如果没有退出机制的配合，欠发达地区将会无力承担后续的成本，而没有足够的收益也会让欠发达地区无法发展，最终失去合作的意愿。因此，运用退出机制的好处在于通过前期发达地区输入的技术、经验、理念及运营方式，欠发达地区在“干中学”，最后实现是能够自主完成所有运作。第一，适时减少收益，直到所有收益归欠发达地区。前期欠发达地区可以适时地让渡相应的收益比例，换取发达地区先进管理模式、运营方式、招商形式等内容，借此累计自身的实力，直到发达地区全部退出之后，以成熟的管理身份接手后续的工作，从而获得全部的收益。第二，积极发挥学习的主观能动性。除了可以获得当前飞地经济园区的收益之外，对于欠发达地区更重要的是可以借此学习到更多的合作理念及合作方式，为之后与其他地区合作创造基础。飞地经济的实践并不是单一、短期的合作，而是不断通过双方交流、沟通及产业的变更、升级促成的多次合作。而合作的对象也不会固定为一个地区或者一个城市，随着经济发展的不断加深，合作的内容及形式都在不断变化，欠发达地区通过类似的合作模式，充分吸收发达地区的经验及理念，才能真正地从“输血式”的模式转换为“造血式”的模式。

四、设立协商合作机构，上层领导参与管理

（一）科学设立协商合作机构

设立科学的协商合作机构，承担园区日常工作、管理事务、产业发展等任务，是飞地经济落实实践的重要保障。决策机构、议事机构、联席会议等方式是飞地经济实现合作的主要方式。两地政府通过形成统一机构，实现公共事务、园区发展、未来规划、人员调整、产业选择、利益分配等内容的规划，将合作机构跳出传统工业园区管理模式，按照精简、统一、高效的方式和“小政府、大服务”的要求，在园区配置工作任务及构建产业结构，实现企业化管理和市场化运作，通过政府和市场的协调统一作用，形成真正的园区建设与企业发展的联合体。但是实践的效果各地不一，以成都—阿坝州工业园为例，根据调研结果，两地最高联席会议召开次数较少，在承担园区规划、人事管理、产业发展等方面多数由成都市人民政府决定，阿坝州人民政府参与度非常低，仅仅在分配利益事项的时候才参与进来。同样，早期宁波鄞景开发区，也是由于缺少科学的管理模式及协商机构，最后导致景宁民族地区飞地经济的实践的失败，最终利益直接通过宁波的财政转移实现，而不是期望的“造血式”发展。

（二）政府指派领导参与管理

当前我国飞地经济的运行通常采用园区管委会管理或者党工委与管委会交叉管理的方式，两地互派领导干部任职，形成相对稳定的管理机构。然而平级

的交叉任职是达不到预期效果的，现实中仍然存在一些问题。以成都—阿坝州工业园为例，领导干部任职的机构为园区的议事机构，并非成都市以及政府的职务，这种情况是飞地经济实践的较多表现形式，由此带来的问题是支持力度不够及行政指令执行力较弱。

综上所述管委会如果只是相互平级的领导议事，就不能实现有效的管理，议事中有可能产生权利冲突，造成协商合作机构松散办事，达不到预期效果，园区的正常运作得不到保证。因此，所有这一切都需要有上层部门的亲自主抓和领导协调，建议由上级政府相关领导去任职或兼职，以此强化领导力和牵头作用，通过行政命令、组织协调等，督促合作机构有效承担着园区日常工作、管理事务、产业发展等任务。有了明确的主抓领导，获得充分的授权，在管理体系中，引导合作双方充分发挥常态化议事机构的作用，将联席会议制度真正地发挥作用，做到定期举办会议交流，共同探索发展规划问题、执行问题、项目落地问题等，加强在产业发展、功能布局等方面的政策对接，及时协调、解决各方利益及在管理中存在的问题，为飞地经济的运营提供上层的支持，使飞地经济园区发展得到保障。

第四节　加大金融财政支持，拓宽产业发展的资金渠道

2021 年的中央经济工作会议精神，进一步表明要从金融及财政入手，加大国家经济发展的作用，而飞地经济的有效运作离不开这些政策的保障。

一、强化重点领域，加大对民族地区的金融支持

对符合国家要求的新兴产业、现代产业、先进产业等，要加大信贷支持力度，积极满足民族地区对于飞地经济模式发展的资金需求。根据实际需求对有较好发展前景的产业（如新能源、新科技、新领域产业）采取政策相对宽松、利率相对低的信贷方式。民族地区的产业多处在低端水平，扩大内需和增加就业是解决问题的关键，要大力支持劳动密集型产业，金融配套体系也应该向其靠拢。对于具有当地民族特色的产业需要重点扶持；对于从发达地区引入的先进产业，要利用其规模效应和信用优势，积极培养它们的直接融资能力，建立

完善大型企业的融资信息收集，为国际合作资金的引入做好前期的推荐。

二、拓宽渠道，解决民族地区融资瓶颈

资金短缺、资本稀缺、融资难等问题，一直是制约民族地区经济发展的瓶颈，由于这些地区经济发展长期处在较低的水平，使得当地资本市场、债券市场的成熟需要较长时间。目前有效解决融资瓶颈的方式，是通过金融倾斜政策、开拓创新各类渠道的金融产品等，以此拓宽融资渠道，达到对民族地区的金融支持。

第一，鼓励政府制定有效的金融倾斜政策。资金的方向应该是“朝阳产业”和“优势产业”，这些产业具有地域性和成长性，因而在发展中要顺应产业发展规律，加大对此类产业的资金投入，力争成为当地的主导产业。同时，金融的支持应该向具有完整产业链的企业倾斜，鼓励各大金融机构提供直接或间接的便利，以保证产业链在实现的过程中不出现资金断裂的情况。在资金流向较大项目的同时，也不能忽略中小企业的转移，因为这些企业往往是大型产业的匹配行业，保障了它们政策运转，才能够实现整个产业链的健康运作。

第二，创新飞地经济模式融资的新渠道。西部地区、民族地区、深度贫困地区经济发展相对滞后，资金问题表现的更明显。例如，成都—阿坝州工业园存在资金缺口大，长期处在举新债还旧债的困境中；大龙石阡产业园处在起步阶段，基础设施的投资较大，缺乏有效抵押，使得融资贷款很困难。因此，将飞入的企业上市融资，在各个银行间发行中期票据，支持引导证券其他筹集资金的方式，通过股权转让、重组等方式做强做大。对于满足要求的企业还可以利用发行中短期票据、融资卷作为募集方式。同时，加快融资渠道的拓展，创新金融信贷产品，结合飞地经济自身特点，探索无形抵押贷款业务，开展便利融资服务，缓解飞地企业的还贷压力，缩短融资时间。

第三，强化金融服务体系。民族地区多为飞入地，要为飞入企业主动提供金融咨询服务，建立“绿色通道”以保证飞入企业能够快速融资，搭建“绿色”融资、建立“一站式”服务平台；建立良好的法治环境，以法律为基础，信用体系为核心，健全信贷、融资、纳税、债务履行等方面的工作，按照“因地制宜、分类指导、构建法规、完善市场”原则，建立政府信贷征信服务和具有民族地区产业发展的服务特色体系，形成完善、高效、精简的运作框架结

构；完善贷款机制，确保征信机制的良好运行，根据民族地区的实际情况构建征信体系，通过在评定机制、审批机制等方面形成民族地区的标准，为金融支持飞地经济提供可靠的保障。

三、加大财政支持力度，制定税收优惠政策

设立专项的财政转移资金，为民族地区的产业提供补贴，使其在前期的过渡阶段能够降低运营成本，尽量获得更多收益。例如，湘西州十八洞村开展的飞地农业合作模式，这些地区的企业承担着脱贫的任务，在税收政策上要给予优惠帮助，通过减免的税费直接让利于贫困户和企业，不仅让村民生活质量更好，分红的盈利增多，而且企业的发展更有生命力，在资金的保障上更有底气。对于符合国家经济开发区、新区、高新区等适时贷款财政贴息，减免基础设施配套费，切实解决部分企业入园难的问题。政府要继续给予民族地区税收优惠政策，从宏观、区域协调的角度规划税收优惠政策。制定合理的税收管理规范，做好各项税收的协调，在税收制定的权限上予以把关，禁止随意变更、设立税收名目。

四、实现基础设施的建造与金融财政的协调

通常，产业园区的基础设施或相关产业的配套设施建设都由飞入地承担，如果没有良好的产业发展硬环境，那么能够获得科技含量高的产业数量将会受到限制。民族地区的经济实力较弱，从以往的经验来看，如果依靠政府的力量，那么能够实现的产业发展环境将会低于飞出地的需求。因此应加入多方的投资主体，拓展基础设施的融资渠道，积极加大对外开放的水平，将外商投资及国际合作贷款用于基础建设的投资，同时设立适当的地方债务融资平台，通过投资基金的形式来扩大资金来源。

第五节　积极引进和培养人才，提高民族地区的管理水平

人才紧缺一直是西部地区、民族地区、深度贫困区发展困境之一。例如，成都—阿坝州工业园在人力资源上面临的三个困境：一是人员临时性，园区主要工作人员多数靠从本地各个机构借调，因而工作责任意识存在应付的思想。二是工作任务重，人才激励机制没有及时跟进，导致越来越少的人不愿意被派驻到园区工作。三是部分管理人员素质不高，园区通过社会招聘的工作人员大多缺乏技术水平和管理水平。因此，这些地区飞地经济的发展需要实施人才支持项目，加大引进和培养飞地园区发展亟须的高层次人才。

一、完善人才流动机制，补齐人才“短板”

飞地经济作为区域协调发展的模式之一，除了生产要素资源的流动要畅通之外，人才流动的畅通性也很重要。首先，完善人才中介服务，构建两地人才合作的信息平台，通过现代化、网络化、信息化的方式促进人才转移流动，实现区域人才的一体化开发，完善人才评估及发布机制。其次，社会保障制度必须为人才的流动解决后顾之忧，民族地区的发展相对落后于东部发达地区，社保体系也相对不完善，因此需要制定符合民族地区的人才流动机制，保证地区之间、不同企业单位之间的社保关系转换的对接，为跨地区、跨行业人才流动提供便利。

长期以来，民族地区的人才缺少且流失严重，而教育落后、师资匮乏、劳动力素质不高等是造成之一现象的主要原因。建议建立多渠道职教扶贫资金与融资政策，通过获得国家财政支持、加大职教扶贫的支出费用，积极打造民族地区的职业教育通道，将待遇保障、生活补贴作为重点，做到全面而又突出关键的方式。可能的情况下，以园区的发展与院校的合作为基础，探索“园校互通、校企合作”的方式，将院校的教育功能放在园区产业链的环节上面，真正做到人才、企业、院校的深度合作。

二、政府积极支持，完善相关工作

从飞地经济的后期发展实践来看，政府的作用逐渐从“管理型”转变为“服务型”，这样的转变能够更好地坚持以人为本、人才优先的原则，积极完善人事政策和人才信息交流机制，通过搭建人才培养平台、人事咨询平台、政务公开平台，为企业和地方提供人才服务。飞入地政府还应该改善交通环境、医疗等其他基础设施建设，为飞入企业进来的人才提供舒适环境，才能更好地留住人才。两地政府的人才市场要完善档案管理制度，为用人企业查询提供便利，稳定现有人力资源；完善用人机制，对从事飞地经济相关的管理人员制定提高工资待遇、学习培训等配套措施。

本章小结

我国民族地区要想实现跨越式发展，还必须更加科学、合理地完善飞地经济模式，进一步解决好当前存在的各种弊端及不足。本章对推动我国民族地区飞地经济的发展提出了 5 项建议，从飞地经济顶层设计政策、构建完善飞地经济产业政策、合作共赢政策、金融及财政政策、人才政策等视角提出了提高民族地区飞地经济实践效果的思路对策，促使民族地区在飞地经济的实践中取得更有成效的结果，经济能更快更好地发展。

第九章　结论与展望

第一节 主要结论

本书对飞地经济的概念解释和飞地经济的产生机理进行了较为详细的说明和分析；论述了飞地经济的相关基础理论，追溯了我国飞地经济的历史背景及每个阶段的发展历程。借鉴经济学、民族学、少数民族经济学、管理学、区域经济学等相关理论，综合运用统计分析、比较研究、实证分析、演化博弈等多种研究方法，对我国民族地区飞地经济模式进行较为全面的研究与分析，并针对当地前存在的问题，提出相关建议措施。回顾全文，主要有以下结论：

第一，飞地经济模式是我国民族地区发展的必要选择。我国民族地区想要实现快速、跨越式发展，经过比较分析，飞地经济模式是更为行之有效的方式。飞地经济模式强调两地的合作与优势互补，民族地区拥有良好的自然资源和劳动力成本，对于发达地区而言是合作的有力前提；飞地经济模式将民族地区的政策、资金与发达地区的先进技术、管理模式结合，在政策和技术上也有了保障，更能够实现互利共赢的局面。通过建立政策优势、资源优势、技术优势及人才优势，飞地经济模式不仅可以实现我国民族地区农业的集约化生产，还能形成工业的集聚效应，带动两地的共同发展和周边地区的城镇化进程，是一种可持续、可复制、可推广的有效模式。

第二，互利共赢机制是飞地经济模式持续稳定发展的关键。双方只有从飞地经济合作模式中实现双赢，才能稳定这一模式的持续运行。不同地区拥有的资源禀赋不同，为飞地经济实现提供合作机会和可能，发达地区除高科技、管理水平等是欠发达地区所需求的，劳动力成本的升高，要找到合适的替代区域，也是欠发达地区需要该领域的资源，由此双方通过飞地经济良好合作，实现资源的互换和互补，最终实现两地获益，飞地经济模式才有可能持续稳定发展。

第三，综合评价指标体系是解决盲目选择合作城市、产业发展方向导致飞地经济模式失败问题的重要方法。飞地经济属于跨区域合作模式，科学的评估合作城市间经济发展水平、产业结构体系、社会保障和生产成本因素、民族交融性程度，有利于解决我国民族地区飞地经济模式运行机制中客观因素带来的影响。基础经济条件引力指标与经济结构指标是重点参考依据，通过实证分析的权重结果来看，基础经济条件引力指标占到了34.5%，经济结构指标占到了24.5%，均高于其他指标的权重，说明判断我国民族地区飞地经济模式合作城市优先需要考虑的是经济发展水平及产业结构体系。虽然民族交融性指标的权重不高，但它是我国民族地区飞地经济模式实践平稳运行的重要参考因素，在评估两地合作城市的可能性时必须重点参考。

第四，动态演化博弈的方法能够较好地解决我国民族地区飞地经济模式主观因素带来的影响。飞地经济模式的运行是一个动态的过程，合作双方的产业选择、利益分配、未来发展规划都是不断变化的过程。利用动态演化博弈的方法，可以针对合作双方在不同时间、不同经济发展情况下，提供相应的决策选择及依据；根据分析结果，双方在长期的演化博弈中，只要有均保持积极合作的策略，才能实现飞地经济模式的效益最大化和双方的利益最大化。

我国民族地区经济要想实现跨越式发展，还必须更加科学、合理地完善飞地经济的模式，从顶层设计政策、构建完善飞地经济产业政策、合作共赢政策、金融及财政政策、人才政策等五个方面着手，以此提高民族地区飞地经济的实践效果，促使民族地区在飞地经济的实践中取得更有成效的成就，经济得到更快更好地发展。

第二节　研究展望

党的二十大报告提出，要深入实施区域协调发展战略，构建优势互补、高质量发展的区域经济布局，为中国式现代化建设新征程上，推动区域经济协调发展指明了方向。面向我国民族地区的经济发展，飞地经济模式虽然引入时间晚、实践时间短，但却依然为我国民族地区的经济发展起到了积极而重要的推动作用。贵州飞地经济模式的探索始于2013年，由大龙经济区和石阡市合作建立的大龙石阡飞地产业园，通过将没有条件发展工业的石阡县，飞入到大龙经济区，为发展自身经济和响应贵州工业强省战略，提供了实践模式。虽然如此，贵州飞地经济模式的实践水平仍然不高，推而不广。究其原因主要表现在园区管理水平较低、产业发展水平不高、人才流失、未来发展方向不明确等突出问题，亟待研究并加以解决。同时，现有文献针对贵州飞地经济模式、贵州融于粤港澳大湾区发展路径、粤黔共建飞地产业园的研究都较为匮乏，且多以新闻报道、访谈等方式展开，缺乏理论与实证分析。

2022 年 1 月 18 日，国务院印发了《国务院关于支持贵州在新时代西部大开发上闯新路的意见》（国发〔2022〕2 号，以下简称《新国发 2 号》文件），其中第十四条明确指出要加强区域互动合作，支持贵州积极对接融入粤港澳大湾区建设，探索“大湾区总部 + 贵州基地”；2022 年 4 月，在贵州省第十三次党代会报告中明确指出，要深化“东部总部 + 贵州基地”“东部研发 + 贵州制造”“东部企业 + 贵州资源”“东部市场 + 贵州产品”等合作模式；2022 年 8 月，贵州省人民政府发布了《关于支持黔东南自治州“黎从榕”打造对接融入粤港澳大湾区“桥头堡”的实施意见》（以下简称《意见》），明确指出以“黎从榕”核心片区和凯麻（凯里、麻江）产城融合示范区、侗乡大健康产业示范区（以下简称大健康示范区）、各开发区（园区）为载体，推动“大湾区企业 + 贵州资源”“大湾区市场 + 贵州产品”“大湾区总部 + 贵州基地”“大湾区研发 + 贵州制造”合作模式项目化落地，打造融入大湾区产业链分工和产业协作配套的样板。上述提出的区域互动方式正是飞地经济的主要表现形式和运行模式，这些都为新时期贵州飞地经济模式的发展方式、合作地区、运行机制等都提出了新的要求和方向。

贵州省拥有中国所有的 56 个民族，其中除了汉族外，还有苗族、布依族、侗族、土家族、彝族、仡佬族、水族、回族、白族、瑶族、壮族、畲族、毛南族、满族、蒙古族、仫佬族、羌族等 17 个世居少数民族，是全国拥有最多少数民族的省份。而黔东南苗族侗族自治州作为贵州融于粤港澳大湾区的“桥头堡”阵地，根据《意见》的指示精神，该地区必然成为贵州融于粤港澳大湾区的重点实践地区。本书将我国民族地区飞地经济模式作为研究中心，以四川民族地区作为实证案例，所得出的结论、成果、方法，不仅可以提供贵州融于粤港澳大湾区理论与实践依据，为建立健全粤黔共建飞地产业园发展的相关政策提供了理论方面的决策支持，还能为贵州探索“东部总部 + 贵州基地”“东部研发 + 贵州制造”“东部企业 + 贵州资源”“东部市场 + 贵州产品”合作模式提供实践依据，实现贵州省高质量发展、打造“四新”主攻“四化”主战略、实现“四区一高地”主定位提供重要实现途径。

飞地经济自产生以来，其发展一直被置于全新的研究视野，虽然我国多数地区的飞地经济模式发展还处在较为初级的阶段，但是其对经济发展的重要贡献，尤其是对于我国民族地区经济的跨越式发展起着重要促进作用。我国民族地区经济要想实现跨越式发展，还必须更加科学、合理的完善各个地区飞地经济的模式，进一步解决好当前存在其他各种弊端及不足。飞地经济模式的研究方兴未艾，不断地从理论走向实践的层面，为我国民族地区飞地经济模式的可持续发展及良性运行提供有力支持。

参考文献

（一）期刊类

[1] Kokko A.Technology，Market Characteristics，and Spillovers[J].Journal of Development Economics，1994，43(2):279–293.

[2] Craig.Mining Enclaves and Taxation [J].World Development，1982，10(7):561–571.

[3] Chiu M Luk，Mai B Phan. Minzu Enclave Reconfifiguration: A ‘new’ Chinatown inthe Making[J]. Geo Journal，2005(64):17–30.

[4] Craig Emerson.Mining Enclaves and Taxation[J].World Development，1982，10(7):561–571.

[5] Joseph E. Mbaiwa.Enclave Tourism and Its Socio–Economic Impacts in the Okavango Delta，Botswana[J].Tourism Man–agement，2005，26(2):157–172.

[6] Kaulik G，Manash R G. Foreign Enclaves and Econimic Develepment: A Theoretical Analysis[J].Journal of Economics，1998，67(3):55–59.

[7] Dr M，Evans.Do Minzu Enclaves Benefit or Harm Linguistically Isolated Employees[J].Research in Social Stratification and Mobility，2004(22):281–318.

[8] Werbner P. Metaphors of Spatiality and Net–works in the Plural City: A Critique of the Minzu Enclave Economy Debate[J]. Sociology，2001，35 (3):24–28.

[9] 杨春平，陈诗波，谢海燕．“飞地经济”：横向生态补偿机制的新探索——

关于成都阿坝两地共建成阿工业园区的调研报告 [J]. 宏观经济研究，2015（5）：3–8，57.

[10] 李冰，祝福恩．“飞地经济”推进经济社会发展的创新 [J]. 中国党政干部论坛，2011（12）：57.

[11] 付桂军，齐义军．“飞地经济”研究综述 [J]. 经济纵横，2013（12）：113–116.

[12] 柳建文．“飞地式合作”与民族地区的协调发展 [J]. 贵州民族研究，2014（9）：125–128.

[13] 黄茂兴，李军军．“十三五”时期中国区域发展新理念、新空间与新动能——2016 年中国区域经济学会年会观点综述 [J]. 区域经济评论 2017（2）：146–153.

[14] 杨玲丽．“制度创新”突破产业转移的“嵌入性”约束——苏州、宿迁两市合作共建产业园区的经验借鉴 [J]. 现代经济探讨，2015（5）：59–63.

[15] 杨玲丽．超越 “嵌入性” 约束，共建产业园—苏州工业园 “飞地经济”促产业转移 [J]. 经济体制改革，2014（3）：105–109.

[16] 安增军，许剑．发展“飞地工业”：区域经济协调发展的新思路 [J]. 东南学术，2008（6）：144–150.

[17] 郑峰文．飞地合作：中西部地区城镇化建设的新思路 [J]. 理论与改革，2014(3):59–61.

[18] 冯云廷．飞地经济模式及其互利共赢机制研究 [J]. 财经问题研究，2013（7）：94–101.

[19] 张冉，郝斌，任浩．飞地经济模式与东中合作的路径选择 [J]. 甘肃社会科学，2011(2):187–190.

[20] 周柯，谷洲洋，飞地经济运行机制及实现途径研究 [J]. 中州学刊，2017(10):23–28.

[21] 苏海红，杜青华．基于对口帮扶政策的青南地区飞地经济发展模式研究 [J]. 青海社会科学，2012（1）：57–62.

[22] 朱俊成 . 基于共生理论的区域合作研究——以武汉城市圈为例 [J]. 华中科技大学学报，2010，24(3):92–97.

[23] 曾伟，陈政宇 . 集中连片特困山区“飞地经济”发展对策研究——以湖北五峰土家族自治县为例 [J]. 湖北大学学报，2014，41（1）：142– 145.

[24] 王瑛 . 建设区域性加工制造基地的探讨 [J]. 改革与战略，2009 （8）：141–144.

[25] 张飞明，喻岚屏 . 金融支持安康市飞地经济研究探析 [J]. 东南大学学报 : 哲学社会科学版，2015，17（S2）：67–68.

[26] 李骏阳，夏惠芳 . 开发区“飞地经济”发展模式研究 [J]. 商业经济与管理，2006（2）：55–60.

[27] 安增军，林昌辉 . 可持续“飞地经济”的基本共赢条件与战略思路—基于地方政府视角 [J]. 华东经济管理，2008，22（12）：42–46.

[28] 任浩，朱士保 . 利用飞地经济模式建设社会主义新农村的探索 [J]. 安徽农业科学，2007（18）：5631–5632.

[29] 李宁，梁群，张毅 . 破解土地瓶颈 提速南宁工业—浅谈在南宁市发展“飞地经济”[J]. 经济研究参考，2012（4）：56–58.

[30] 刘晓鹰，杨建翠 . 欠发达地区旅游推进型城镇化对增长极理论的贡献——民族地区候鸟型“飞地”性旅游推进型城镇化模式探索 [J]. 西南民族大学学报，2005（4）：114–117.

[31] 麻宝斌，杜平 . 区域经济合作中的“飞地经济”治理研究 [J]. 天津行政学院学报，2014，16（ 2 ）：71–79.

[32] 周平，渠涛 . 推进山东蓝黄经济区统筹发展的战略思考 [J]. 宏观经济管理，2012（ 1):72–73.

[33] 刘世庆 . 汶川大地震灾后重建与自然资源管理政策探讨 [J]. 生态经济，2009（7）：180–186.

[34] 冯艳飞，向万宏 . 我国省际间飞地经济发展能力研究——基于东中部十省面板数据的引力模型 [J]. 产业经济，2018（5）：35–37.

[35] 周茂．沿海中心城市“外溢发展战略”实施探讨 [J]. 商业时代，2013（25）：133–134.

[36] 曾国安，冯涛．增长极、产业集群与落后地区的区域经济发展 [J]. 生产力研究，2004（8）：111–113.

[37] 姚尚建．制度嵌入与价值冲突——“飞地”治理中的利益与正义 [J]. 苏州大学学报：哲学社会科学版，2012（6）：61–67.

[38] 尹红炜，孟宪忠．帅萍．资源型城市选择接续产业的 PCDL 模型研究——以东营为例 [J]. 城市规划，2006，30（10）25–31.

[39] 谢海生．“飞地”区域法制发展的挑战及前景—以广东深汕特别合作区为177 区域协调发展视角下我国民族地区飞地经济研究—基于四川民族地区的实证分析 例 [J]. 学术前沿 2020 年 03 月，54–57.

[40] 谢召锋．“飞地经济”在区域治理中的作用探究 [J]. 黄河科技大学学报 2014 年 7 月第 16 卷第 4 期，44–47.

[41] 王倩．“飞地经济”治理中的地方政府合作研究—以深汕特别合作区为例 [J]. 厦门特区党校学报 2017 年第 5 期 (总第 157 期)，40–47.

[42] 王冰．“飞入地”选择评价指标体系构建研究 [J]. 山东工商学院学报 2015 年 4 月第 29 卷第 2 期，1–4.

[43] 李猛、黄振宇．促进区域协调发展的“飞地经济”：发展模式和未来走向 [J]. 天津社会科学 2020 年第 4 期，97–102.

[44] 李鲁奇，马学广，鹿宇．飞地经济的空间生产与治理结构——基于国家空间 重构视角 [J]. 地理科学进展，2019（3）：346–356.

[45] 丁伟伟．飞地经济发展研究：一个文献综述 [J]. 经济师，2019（4）： 55–57.

[46] 于代松，刘俊，赵佳伟，等．飞地经济与横向生态补偿机制构建探索——以成都、甘孜共建成甘工业园区为例 [J]，西南金融，2020（1）：33–45.

[47] 陈帅飞，曾伟．复合行政视角下国内飞地管理研究 [J]. 湖北理工学院学报：人文社会科学版，2016，33（6）：45–49.

[48] 张明善 . 我国深度贫困地区“飞地经济”模式的适应性分析 [J]. 西南民 族大学学报：人文社会科学版，2019（1）：105–109.

[49] 易兵，许弢 . 武汉大都市区“飞地经济”发展制约与对策研究 [J]. 知识经济，2019（6）：31–33.

[50] 孙久文，苏玺鉴 . 新时代区域高质量发展的理论创新和实践探索 [J]. 经济纵横，2020(2）：6–14.

[51] 陈建军，梁佳 . 以“飞地经济”破解发展瓶颈 [J]. 浙江经济，2012（6）：14–15.

[52] 林自新，郑国泽 .“飞地工业”模式促进经济发展探析 [J]. 四川理工学院学报：社会科学版，2009，24（2）：55–59.

[53] 李昌昊 .“飞地工业”：引领区域新型工业化发展的新思路 [J]. 十堰职业技术学院学报，2007，20（2）：27–30.

[54] 张黎鸣 .“飞地经济”模式的合作收益分析 [J]. 晋中学院学报，2011 ，28（3）：122–124.

[55] 乔颖 . 从国际贸易的角度解读“民工荒”现象——兼论“飞地经济”的弊端 [J]. 金融教育研究，2006，19（1）：42–43.

[56] 戴晶晶，渠爱雪，周君杰，等 . 安徽省凤阳县飞地工业与县域经济发展研究 [J]. 安徽农业科学，2011（34）：21369–21373，21398.

[57] 梁新举 . 承接产业转移下的飞地经济建设探索 [J]. 知识经济，2010（3）：179–180.

[58] 汪涛，汪传雷，管静文 . 皖北地区发展“飞地经济”模式研究 [J]. 宿州学院学报，2011（7）：20–23.

[59] 韩世名，关伟，崔灿灿 . 金融支持飞地经济发展探究——以葫芦岛市为例 [J]. 当代金融家，2020（9）：130–131.

[60] 孙德超，钟莉莉 . 东北地区与东部地区合作发展“飞地经济”中“飞出地”合作与意愿问题研究 [J]. 商业研究，2020（9）：45–51.

[61] 董凡铭 . 脱贫攻坚背景下辽宁“飞地经济”发展现状与对策 [J]. 辽宁经济

职业技术学院学报，辽宁经济管理干部学院，2020（5）：4–6.

[62] 李晓红，杨薇，杨夕雪 . 沈阳市中心镇“飞地经济”发展的对策研究 [J]. 农村经济与科技，2020（16）：178–179.

[63] 李雪松 . 沈阳市发展“飞地经济”的对策研究 [J]. 沈阳干部学刊，2020（4）：61–64.

[64] 王明友，张琳 . 基于产业优势互补协同共进的沈阳“飞地经济”发展对策 [J]. 沈阳大学学报：社会科学版，2020（2）：167–171.

[65] 杜宇，侯庆海 . 齐齐哈尔市发展“飞地经济”实施路径探析 [J]. 齐齐哈尔大学学报：哲学社会科学版，2020（2）：75–78.

[66] 殷振瑶，任醒 . 沈阳“飞地经济”发展对策建议 [J]. 辽宁经济，2020（1）：74–75.

[67] 黄伟，李玉如，华宜 . 锦州湾临港“飞地经济”的现状与发展 [J]. 水运管理，2007（5）：18–21.

[68] 张耀光，冷显鹏，刘锴 . 海岛发展飞地经济的研究——以大连市长山群岛为例 [J]. 海洋开发与管理，2008（12）：97–102.

[69] 崔玉波，张国发 . 大庆市飞地经济发展探讨 [J]. 大庆社会科学，2017（1）：60 62.

[70] 孙浩进，王昊天 . 发展“飞地经济”承接产业转移的路径探析 [J]. 牡丹江师范学院学报：社会科学版，2018（2）：19–25.

[71] 李变花 .“厦漳泉”同城化发展飞地经济的模式分析 [J]. 特区经济，2012（11）：17–19.

[72] 陈婷婷 .“厦漳泉”同城化过程中发展飞地经济的意义、路径及其对策 [J]. 西安建筑科技大学学报：社会科学版，2013（2）：50–53.

[73] 杨小玲，奚庆 . 发展“飞地经济”对厦门的影响 [J]. 经济研究导刊，2010（1）：147–148.

[74] 黄小梅 . 探索“飞地经济”模式下多方共赢的动力机制——以厦门市同安工业集中区思明园为例 [J]. 厦门特区党校学报，2010（3）：57–60.

[75] 谢海生．“飞地”区域法制发展的挑战及前景——以广东深汕特别合作区为例 [J]. 学术前沿，2020（6）：54–57.

[76] 马骏．产业融合发展引领长三角飞地经济升级对策 [J]. 科学发展，2018（8）：32–40.

[77] 齐晓冰，顾颉．“特区”与“老区”的飞地姻缘——从深汕特别合作区探索飞地经济新模式 [J]. 中国市场，2018（24）：24–25.

[78] 严婷．旅游房地产飞地经济现象的成因及影响研究——以广东省珠海市为例 [J]，中国商论，2013（6X）：111–112.

[79] 李子豪．清远“两德”飞地产业园发展的探讨 [J]，韩山师范学院学报，2016（6）：99–104.

[80] 高轩，张洪荣．区域协作背景下飞地治理立法研究——以深汕特别合作区为例 [J]. 江汉论坛，2020（3）：116–121.

[81] 朴飞，魏晓明．深汕特别合作区设立和发展的创新思路探讨 [J]. 经济研究导刊，2019（36）：37–38.

[82] 张衔春，栾晓帆，马学广，等．深汕特别合作区协同共治型区域治理模式研究 [J]. 地理科学，2018（9）：1466–1474.

[83] 王丹．协调发展战略下地方政府合作的动力机制探析——以深汕特别合作区为例 [J]. 安徽行政学院学报，2020（2）：62–67.

[84] 韦海瑜．打造广西沿海“飞地经济”集聚区研究 [J]. 法制与经济，2019（8）：19–22.

[85] 李宁，梁群，张毅．破解土地瓶颈 提速南宁工业——浅谈在南宁市发展“飞地经济”[J]，经济研究参考，2012（47）：56–58.

[86] 王景敏．基于广西北部湾经济区战略视角的“飞地经济”构建研究——兼论广西钦州市“飞地经济”发展优势 [J]. 东南亚纵横，2011（4）：49–51.

[87] 林俊锡．大龙—石阡飞地经济发展模式探究 [J]. 当代经济，2017（32）：88–89.

[88] 马海霞，朱文挥．贵州飞地经济园区发展探讨 [J]. 智库时代，2019（30）：

63–64.

[89] 熊美勇，龙光标，阳艳珠 . 黔东南州快速通道地区发展“飞地”经济的 SWOT 分析及战略选择 [J]. 凯里学院学报，2010（5）：17–20.

[90] 赵栋强 . 中国“飞地工业园”实践及对贵州的启示 [J]. 商，2015（40）：267.

[91] 刘晓春，李技 . 曹妃甸开发区“飞地经济”发展初探 [J]. 港口经济，2007（4）：43–45.

[92] 王曙光 . 河北秦唐沧地区通过“飞地经济”承接北京装备制造业转移研究 [J]. 科技经济市场，2019（9）：63–65.

[93] 冯逾 . 河北省在对接京津中的飞地经济探索 [J]，福建商业高等专科学校学报，2014（3）：48–52.

[94] 殷杰兰 . 河南省发展“飞地经济”的思考 [J]. 河南金融管理干部学院学报，2008（6）：118–121.

[95] 赵永杰 . 漯河市发展“飞地经济”的思考 [J]. 社科纵横，2010（5）：33–39.

[96] 易兵 .“飞地经济”模式推动武汉经济高质量发展研究 [J]. 中外企业家，2020（7）：96.

[97] 叶丛 . 发展“飞地经济”推动脱贫奔小康 [J]. 学习月刊，2011（8）：155–156.

[98] 曾伟，陈政宇 . 集中连片特困山区“飞地经济”发展对策研究——以湖北五峰土家族自治县为例 [J]. 湖北大学学报：哲学社会科学版，2014（1）：142–145.

[99] 易兵，陈琛 . 武汉大都市区“飞地经济”发展现状及战略研究 [J]. 管理观察，2019（1）：57–61.

[100] 易兵，许弢 . 武汉大都市区“飞地经济”发展制约与对策研究 [J]. 知识经济，2019（4）：31–33.

[101] 易兵，姚丽霞 . 武汉大都市区“飞地经济”理论实践与模式选择探析 [J].

中国市场，2019（5）：26–27.

[102] 易兵，徐琴．武汉大都市区战略与“飞地经济”模式的比较研究 [J]. 中国市场，2019（6）：25–26.

[103] 赵霄伟．以飞地园区建设为抓手推进重点生态功能区建设——以宜昌五峰县为例 [J]. 中国经贸导刊，2014（18）：45–46.

[104] 范晓芸，李雪菱．工业园区飞地经济模式探索——以宁乡金玉工业集中区为例 [J]. 经贸实践，2016（8X）：91.

[105] 李琳，刘莹，黄跃．湖南“飞地经济”发展模式选择与对策探析 [J]. 湖南社会科学，2017（6）：130–134.

[106] 曾贵，徐运保．推动湖南产业空间布局优化的“飞地经济”模式研究 [J]. 湖南工程学院学报：社会科学版，2018（1）：1–7.

[107] 查婷俊，刘志彪．“飞地经济”的江苏实践 [J]. 环境经济，2017（16）：38–41.

[108] 杨玲丽．制度创新突破产业转移的“嵌入性”约束——苏州、宿迁两市合作共建产业园区的经验借鉴 [J]. 现代经济探讨，2015（5）：59–63.

[109] 杨玲丽．超越“嵌入性”约束，共建产业园——苏州工业园 “飞地经济”促产业转移 [J]. 经济体制改革，2014（3）：105–109.

[110] 成长春．升级“飞地经济”实现融合共赢 [J]. 群众，2017（2）：42–43.

[111] 王波．我国飞地经济发展综评暨对江苏的启示 [J]. 江苏商论，2007(12): 3–5.

[112] 蒋成，罗小龙王绍博．陷入困境的跨界区域主义——对江阴靖江跨界合作的重新认识 [J]. 现代城市研究，2018（10）：60–66.

[113] 黄晓，胡汉辉，吉敏．以园区为载体的产业集群空间转移：模式比较与案例分析 [J]，科技进步与对策，2013（11）：51–55.

[114] 朱绍勇，夏凡．苏皖两省飞地园区建设经验对江西的启示与建议 [J]. 江西科学，2017（5）：10–13.

[115] 王宗美．赤峰市“飞地经济”发展模式选择与对策探析 [J]，北方经济，2019（5）：60–62.

[116] 王宗美 . 探析赤峰市发展“飞地经济”存在的问题 [J]. 中国管理信息化，2019（15）：105.

[117] 苏海红，杜青华 . 基于对口帮扶政策的青南地区飞地经济发展模式研究 [J]. 青海社会科学，2012（1）：57–62.

[118] 刘小平 . 青海省发展“飞地经济”模式研究 [J]. 青海师范大学学报：哲学社会科学版，2006（6）20–22.

[119] 李桂娥 . 青海省发展“飞地经济”的研究 [J]. 柴达木开发研究，2011（4）：28–31.

[120] 王林旭，杨洋，苏冠宁，等 . 对浅内陆与沿海飞地经济联动发展模式的思考 [J]. 商场现代化，2013（2）：147.

[121] 渠涛，郝涛 . 黄河三角洲高效生态经济区“飞地经济”发展研究 [J]. 山东社会科学，2014（10）：160–165.

[122] 郭珉媛，环渤海区域“飞地经济”合作的进展、问题与解决思路 [J]. 前沿，2013（7）：95–97.

[123] 张晓青，任建兰 . 黄河三角洲高效生态经济区发展“飞地经济”的政策取向探讨 [J]. 经济与管理评论，2012（3）：137–141.

[124] 曾贵，徐运保 . 加工贸易向中西部地区梯度转移的飞地经济模式研究 [J]. 湖南财政经济学院学报，2016（4）：152–160.

[125] 连莲，叶旭廷 . 京津冀协同发展中的“飞地”经济研究 [J]. 经济问题探索，2016（5）：146–151.

[126] 王舒云 . 推动青岛“飞地经济”高质量发展 [J]. 中共青岛市委党校青岛行政学院学报，2020（2）：114–116 .

[127] 周平，渠涛 . 推进山东蓝黄经济区统筹发展的战略思考 [J]. 宏观经济管理，2012（1）：72–73.

[128] 王冰 . 淄博市发展“飞地经济”实证研究 [J]. 山东行政学院学报，2015（3）：117–123.

[129] 郑延涛，孙磊 . 充分发挥飞地经济对我省经济转型升级的促进作用 [J]. 前进，

2015（4）：23–25.

[130] 马骏 . 临汾市发展“飞地经济”的思考 [J]. 经济师，2014（3）：176，178

[131] 李彦荣 . 山西开发区创新管理机制和发展“飞地经济”探究 [J]. 吕梁学院学报，2014（6）：73–75.

[132] 李峰 . 产业集群是破解“陕西现象”的战略抉择 [J]. 理论导刊，2007（10）：93–107.

[133] 张飞明，喻岚屏 . 金融支持安康市飞地经济研究探析 [J]. 东南大学学报，2015（S2）：67–68.

[134] 于代松，肖雅丽，赵佳伟，等 .“飞地经济”共赢发展的基本条件：一个初步的分析框架—— 以成都甘孜共建成甘工业园区为例 [J]. 西华大学学报：哲学社会科学版，2020（2）：74–83.

[135] 张鑫，胡碧玉，宋小军 . 工业园区组织管理模式运行效率评价指标体系——以四川跨区域合作园区为例 [J]. 现代商贸工业，2014（12）：16–19.

[136] 郭珉媛 . 我国飞地经济合作的进展与天津面临的选择 [J]. 发展研究，2013（9）：18–22.

[137] 李传松，燕帅 . 大力发展飞地经济 拓展对口援藏新内涵 [J]. 全国流通经济，2018（21）：49–50.

[138] 蒙媛，王婉，王发莉 . 基于互利共赢下的西藏飞地经济发展模式分析 [J]. 现代商贸工业，2017（24）：9–10.

[139] 何一民，高中伟，廖羽含 . 新时代兴藏战略的路径选择——基于开放共赢原则下的“飞地经济”援藏模式研究 [J]. 西南民族大学学报：人文社会科学版，2020（12）204–212.

[140] 陈小昆，崔光莲 . 围绕“飞地经济”发展新疆地方工业的思考 [J]. 新疆财经，2006（5）：5–8，13.

[141] 沈雪庭，刘孝斌 . 产业融合视域下县域飞地经济发展研究——以浙江省德清县为例 [J]. 统计科学与实践，2020（7）：17–20.

[142] 王翀 . 慈溪 – 杭州“新飞地”新在何处 [J]. 决策，2018（6）：44–46.

[143] 章宇萍 . 基于产业融合的长三角飞地经济发展策略研究 [J]. 现代经济信息，2019（1）：478.

[144] 曹泱 . 绿色石化产业建设背景下的岱山县“飞地经济”研究 [J]. 宁波职业技术学院学报，2020（5）：98–102.

[145] 彭伟斌，丁伟伟 . 逆向飞地经济的扶贫模式研究——基于金磐扶贫开发区的案例分析 [J]. 西部经济管理论坛，2020（5）：51–64.

[146] 江玲洁 . 山海协作插上“飞地”翅膀 [J]. 浙江经济，2018（17）：39.

[147] 白小虎，王松，陈海盛 . 一种“飞地经济”新模式——来自衢州到杭州跨地建设海创园的经验 [J]. 开发研究，2018（5）：87–91.

[148] 费冬明 . 长三角一体化背景下区域合作的路径研究——基于海宁飞地经济的实践探索 [J]. 时代金融，2020（36）：24–26，29.

（二）专著类

[1] Gallagher K P，Zarsky L. The Enclave Economy［M］. The MIP Press，2007.

[2] Kevin P， Gallagher,Lyuba Zarsky .The Enclave E–conomy:Foreign Investment and Sustainable Dev–elopment in Mexico’s Silicon Valley[M]. The MITPress，2007.

[3] Min Zhou. “China town: The socioeconomic potential of an urban Enclave”［M］. Temple University Press，1992.

[4] 钟海燕 . 中国少数民族地区构建新型城镇化战略格局研究 [M]. 北京：中国经济出版社，2012.

[5] 何雄浪 . 产业空间分异与我国区域经济协调发展研究——基于新经济地理学的研究视角 [M]. 北京：中国经济出版社，2012.

[6] 刘开华，郑长德 . 新结构经济学视域下贵州省产业结构的优化研究 [M]. 北京：中国经济出版社，2016.

[7] 郑长德 . 中国少数民族地区包容性绿色发展研究 [M]. 北京：中国经济出版社，2016.

[8] 秦贤宏．飞地经济与共建园区——苏沪合作试验区规划前期研究 [M]. 北京：科学出版社，2017.

[9] 石敏俊．现代区域经济学 [M]. 北京：科学出版社，2013.

[10] 郑长德，罗布江村，等．中国少数民族地区经济发展方式转变研究 [M]. 北京：民族出版社，2010.

[11] 郑长德．空间经济学与中国区域发展：理论与实证研究 [M]. 北京：经济科学出版社，2014.

[12] 李琳．区域经济协调发展：动态评估、驱动机制及模式选择 [M]. 北京：社会科学文献出版社，2016.

（三）学位论文

[1] Heike Christine Alberts. Rethinking the Minzu Enclave Economy: Cubans in Miami[D] .University of Minnesota，2003.

[2] Kathleen A，Bubinas. An Anthropological Study of the Employment of Asian Immigrants in an Minzu Enclave Economy[D].The University of Wisconsin Milwaukee，2001.

[3] 许和木．我国飞地工业的机理与现实发展研究 [D]. 福建，福建师范大学，2013.

[4] 刘莹．区域经济协调发展：中国区域经济增长新路径 [D]. 湖南：湖南大学，2018.

[5] 王先锋．“飞地”型城镇发展：基于落后地区城镇化道路研究——以湖南省张家界为例 [D]. 北京：中国社会科学院研究生院，2003.

[6] 武江民．基于 GIS 的甘肃区域经济空间差异性研究 [D]. 兰州：西北师范大学，2005.

[7] 余达锦．基于生态文明的鄱阳湖生态经济区新型城镇化发展研究 [D]. 江西：南昌大学，2010.